川勝先生の初等中等理科教育法講義
【第1巻】講義編／上

川勝先生の初等中等
理科教育法講義

――科学リテラシー教育への道――

川勝 博 著

【第1巻】講義編／上

海鳴社

はじめに

　この本は、私の大学における理科教育法関係の講義を上下2巻に、またその演習の実践および指導記録を、実践編として1巻の計3巻にまとめたものである。
　いままで理科教育法の本は、海外の翻訳ものか、著者の実践の経験談か、文部科学省の学習指導要領の解説ものがほとんどであった。それらは、それぞれ貴重なものではあろうが、「もっと本格的な、日本が世界に発信できる科学教育方法論の基本的教科書が日本にほしい。そのスタートを」、と板倉聖宣さん（元国立教育研究所）に頼まれたのが、高校教師から香川大学にかわった、1997年ごろのことであった。
　あれからもう20年近くになる。私の大学での講義実践も、ある程度積み重ねてきたので、そろそろお約束をはたさねばと思い、思い切ってこれを出版することにした。板倉さんから頼まれたことがどの程度達成されているかは、読者の批判に待つことになる。しかしお読みになればわかるが、この本は、すべての人々のための理科教育を目指して、21世紀の科学リテラシー教育への道の、目的と内容と方法を、はじめて本格的に論ずる書になっているはずである。
　講義編の上巻は、理科教育の目的に関わる基礎理論と1時間の理科授業づくりとその評価法を論じている。最初の3回の講義で、何のためにすべての人々に科学教育がいるかを、この30年ほどの国際的議論をふまえて明確にしてある。また後半の3回の講義で、学生でも相互評価が可能なように、毎回の理科の良い授業の3つの評価基準、つまり、学びあいがあるか／科学する授業になっているか／認識の変

革はあるか、をその評価が大切である根拠に遡って実践的に紹介してある。

　下巻は、前半の３回で、一定の期間をかけて授業を組むべき、自然観の形成をめざす単元案づくりの評価基準を、生徒の認識の形成の三段階のレベルに分けて解説してある。後半の３回で、生徒が自分の疑問を追究する探究活動の実際的指導法とその意味を、日本の理科教育略史を踏まえて論じている。

　３巻目の実践編は、理科教育の諸科目の演習によって自分たちで単元案（認識ののぼりおり表）を作っていく指導事例を中心にその実践記録を紹介する。

　もちろん本書は、香川大学教育学部で行った小学校教員養成むけ、また中学高校教員向けの理科教育諸科目と、名城大学の理科教育関連講義をまとめたものである。そのために、自分たちの実践記録をこの本で紹介することをこころよく了解してくれた学生諸君や、同僚教師たち、教務職員、実験職員たち、そして内容を理解したうえで、こころ温まるイラストを描いてくれた香川大学川勝研究室卒業生の佐々木祐子さんに感謝する。ありがとう。

2014 年 8 月 15 日

目　次

はじめに……………………………………………………………… 5

第1章　何のための理科教育か ── 11

第1講　科学リテラシーの時代の理科教育………………… 12
　　　　リテラシーとは　12
　　　　自然の言葉と理科　15
　　　　ストックホルム会議　18
　　　　神殺しの神話　23
　　　　イースター島の悲劇　27
　　　　レイチェル・カーソンの至言　30
　　　　文明の転換点での教育　32

第2講　すべての人々のための理科教育の社会的意味…… 35
　　　　科学リテラシー　35
　　　　日本の不思議さ　37
　　　　理科好きでできる子　42
　　　　バックキャスト方式　46
　　　　自然観と判断力の教育　50
　　　　シビリアン・コントロールのための理科教育　59

第3講　ヒトが人になるうえでの理科教育の役割………… 62
　　　　自己中心性からの離脱　62
　　　　概念形成の筋道　66

　　　　　質問がえしと認識の発展　70
　　　　　サンタクロース事件　77
　　　　　三つ山問題　79
　　　　　発達の最近接領域と認識ののぼりおり　83

第2章　良い理科授業とその評価基準 ────── 89
第4講　学びあいがあるか ……………………………… 90
　　　　　学習指導案「物に光をあてよう」　90
　　　　　行動主義の限界　94
　　　　　認知主義の限界　97
　　　　　構成主義の問題点　100
　　　　　状況主義が提起したこと　106
　　　　　正統的周辺参加論　109
　　　　　21世紀の科学教育　113
第5講　科学する授業になっているか …………………… 117
　　　　　実験観の変革　117
　　　　　科学的態度とは　121
　　　　　肝心なことは目に見えない　122
　　　　　お母さんの本能的実験　127
　　　　　科学的考えとアカデミック・フリーダム　131
　　　　　科学的見方と自然観　133
第6講　認識の変革があるか ……………………………… 139
　　　　　生徒が自立して動き出すとき　139
　　　　　珪化木の話　141
　　　　　火の玉を見た話　145
　　　　　ねらいはなにか　148
　　　　　授業にかける時間　155
　　　　　KIGYの原則で予測可能性のある法則を教える　158

付録1　あの原発の事故は文明の転換を迫っている …… *167*
　　　　インタビュー、「学研・進学情報」、2012年2月号より
付録2　学習が参加であるということの意味 ……………… *176*
　　　　2002年10月、中国四国理科教育研究大会記念講演
　　　　記録より
付録3　何が彼女をそうさせたか ………………………… *198*
　　　　日本学術会議「学術の動向」、2004年8月号「科学する心を育てる」より

【第2巻】講義編／下巻　　目次
　第3章　良い理科カリキュラムとその評価基準
　　第7講　方向目標はあるか
　　第8講　到達目標の展開は適切か
　　第9講　問題実験群が認識ののぼりおり構造をなしているか
　第4章　判断力の育成への道
　　第10講　誰でもできる探究活動
　　第11講　時代の課題で判断力と基礎を学ぶ教育
　　第12講　日本理科教育略史と科学リテラシー

イラスト：ささき　ゆうこ

第 1 章

何のための理科教育か

第1講　科学リテラシーの時代の理科教育

リテラシーとは

　第1回の授業のテーマは「すべての生徒が理科を学ぶ意義」です。

　君たちの小学校や中学、高校のときと比べて、これから君たちが、ひょっとしたら先生になったりするときの理科教育は、かなり変わってくるのではないかと思います。変わるための揺さぶりが、全世界で、あちこちでかけられています。

　この揺さぶりのひとつの例は、PISA（注1）とか TIMSS（注2）という国際テストです。これに揺さぶられて、日本も文科省が方針を変えざるをえなくなりました。たとえば授業で教える内容は、学習指導要

第1講　科学リテラシーの時代の理科教育

領を上回っても、下回ってもいけないとかいっていましたが、それを撤廃して、上回って教えてもいいとかいい出している。つまり、いろいろなかたちで方針転換が行われ始めています。

　これは日本だけではありません。世界共通です。これは、自然科学教育、理科教育が世界的に転換をしている証拠です。自分たちが習った理科とは違う、新しい理科へ大きく転換しようと、その模索が始まっているといえます。

　それはなぜかといえば、理科をリテラシーにしようという世界的な運動がおきているためです。

　リテラシーとは何かというと、一言でいえば、すべての人々にとって必要な学習の基礎・基本をいいます。たとえばそれは昔の日本なら、読み書きそろばん、といっていました。

　どんなお父さんやお母さんでも、将来どういう職業に就こうと、人間が人間として生きていくうえで、読み書きができないと、やっぱり生きていけないとは思うでしょう。

　字が読めなければ役所にも行けないし、書類も書けない。誰かに助けをもとめても、だまされるかもしれない。字が読み書きできなければ、話にならない。だから絶対に字の読み書きは勉強しなさいと親は子どもにいうと思うのです。

　またもう一つ重要なのが算数ですね。計算ができないと買い物もできない。おつりを貰いたくても、計算ができなければだまされる。悪徳商人も、世の中にはたくさんいますから。そういう意味で、計算できなかったら生きていけないとか、文字が書けなければ生きていけないとか、そんなことは近代においては常識化されているわけです。そ

（注1）　PISA (Programme for International Student Assessment)　OECDが行っている国際的な学力調査で、わが国では15歳児を対象に、国立教育政策研究所が担当し、3年ごとに読解力、数学的リテラシー、科学的リテラシーの調査をしている。
（注2）　TIMSS (Trends in International Mathematics and Science Study　国際数学理科教育調査)　国際到達度評価学会(IAEA)が小中学生を対象に行っている調査の多くの科目のひとつ。

第1章　何のための理科教育か

れは、近代の社会で人間が生きていく限り不可欠なのです。

　こういう近代社会生活における基礎・基本学力を、リテラシーといい、日本のいい方では、読み書きそろばんといっていたのです。これを今日では「リテラシー」といいます。戦後国連はユネスコを中心にして、算術を含めて、世界の識字率向上運動をしてきました。それはその人たち、民族を幸せにする基本、またその国の人々の人権を自ら学ぶ基本と考えたからです。

　しかし21世紀は、理科もリテラシーにいれよう。つまり基本的人権を構成する科目領域の中に、科学をいれるようにしよう。そうなった。これが画期的なことなんです。

　誰がそんなことをいっているかというと、1992年のユネスコのパリ決議です。1992年にユネスコがそう決議したのです。リテラシーは、いままで2つだったけれども3つだと。「Science and Technology Literacy for all.（科学と技術のリテラシーをすべての人に）」という決議をしたのです。

　この1992年というのはどういう年かというと、画期的な年で、世界の大統領、首相が百人以上、ブラジルのリオデジャネイロにあつまり、サミットが行われました。いわゆる環境サミットです。

　このときに、今後の世界の政治経済の方向を議論する会議（国連に設置された環境と開発に関する世界委員会）の委員長をしていたノルウェーの世界初の女性首相だったブルントラントさん、彼女はもともと小児科のお医者さんですが、その彼女のまとめとして「将来世代のニーズを損なうことなく現在の世代のニーズを満たす」という考えを打ち出し、「持続可能な開発」という、いままでのような大量生産・大量消費の経済発展は軌道修正しましょうという決議をしました。これに伴って、大きく世界全体が方向転換をし始めました。

　それより以前から、方向転換しなければならないことは分かっていたのです。方向転換に抵抗した北方の大国はつぶれてしまった。また経済発展を阻害すると抵抗していたもう一つの大国も、ユネスコを離

脱して抵抗していましたけれども、数理経済で金融経済化し実体経済をごまかしていたことがわかって、最近は多くの国の批判を受けて、ユネスコに復帰し、世界と協調する努力を始めました。

公的医療保険がないという信じられない大国ですが、識者も多くいる国でもあり、幾多の反対はいまでもありますが、その転換の方向にちゃんとうまくなじめないと、国が滅びてしまうことが次第にわかってきていると思います。

日本の場合は、国民がおとなしい国なので、どんどん税金を使ってきて、現在赤ちゃんも含めて国民は1人あたり八百万円以上を国に貸していることになるのですね。全体で一千兆円を超えている国債です。国はすごい赤字になってしまいました。それだけ国が借金をしても、前と同じ政策を維持しようと、20年ぐらい頑張りましたけれども、一向に成長しません。経済構造が転換できません。

転換しなければいけないのに、転換するための政策をせずに、前のかたちを維持しようとしてお金を使いましたから、いくらお金を使っても新しい時代にはなりませんでした。そのかわり、主として若者を中心に低賃金化した経済格差の激しい国になってしまいました。やっといま、あんまりだとして方向転換をしなければならないことが、指摘されはじめている。変わらなければ、いかに世界に冠たる企業でもつぶれたり、国内からお金がどんどん流出する時代です。それが現実に見えはじめてあわてています。では、どういう国や社会に変わるべきか、それをひとりひとりが考えねばならぬ時代です。

理科がリテラシーになった。読み書きそろばん・科学になった。それはなぜかということをよく理解しなければなりません。

自然の言葉と理科

もともと、科学がリテラシーである、という考え方が生み出されたのはなぜか。それはどこからきたか。それを原点から考えてみます。確かに読み書きそろばんというようなものが近代になって大切になっ

てきた。近代社会にとって、それはそれなりに大切なのですが、これを強制された人々がいるわけです。

　日本でいうとアイヌの人たち、オーストラリアのアボリジニの人たち、アメリカのネイティブアメリカンの人たち、カナダにいる、昔はエスキモーといっていましたがイヌイットの人たち、そういう人たちは文字を持たなかったのです。「おまえたちは文字を持っていないのだから、文字を学びなさい。そうしないと近代人になれませんよ」ということで、植民地にした旧宗主国の書き言葉を勉強させられたのです。

　日本周辺でいうと、韓国の人たちが日本語を学ばされて、自分の名前を変えさせられたのと同じようなことが、あちこちで起こったわけです。それは、近代でリテラシーがない人は賢くなれない、読み書きできないと一人前に行動できないといわれ、じゃあ、どの言葉かというと、自分の旧宗主国の言葉を学ばされたのですね。

　それは、ある意味では悲しいことなんですね。その国の民族にとっては。日本国内でも、たくさんのアイヌの人たちが民族の、自分の文化を失わさせられてしまった。自分の母国語を失うと民族の叙事詩、口頭で伝えられてきた、「ユーカラ」もわからなくなってしまった。ほかの民族の人たちも同じようなことでした。

　そして、これと似たようなことがいっぱいあることが国連で議論され始めました。1980年代のころからです。ユネスコを中心にして、その多くの発展途上国や、植民地支配されている多くの現地の人たちが、国連やユネスコの中で発言力を増してきたのですね。

　そのなかで、書き言葉がなければ、ホントにリテラシーがないのか。文化の基礎・基本がないのか。そうではないのではないか。私たちは、ちゃんとした基本的な知識や考え方、文化を持っているのだということで、1992年のすでに20年ぐらい前から、そういう議論がだんだん高まっていたのです。

　つまり、理科の学習というのは自然の言葉を聞いたり理解できる力

ですね。つまり自然の言葉を読み書きできるリテラシーです。

　理科の力が何故いるか。自然というのは、ものをいわないわけです。鳥にしても動物にしても、風にしても光にしても、人間の言葉をいわないわけです。国語は、いわば人間の内輪の言葉です、人間の内輪の言葉だけで頭がいっぱいになって、ものをいわない自然を無視していいのか。

　同じように無視された、たくさんの民族がいたわけです。でもそうではない、自分たちは自然の言葉が読み書きできたではないか、それを捨てさせられたんだ。だからもう一度、本当の、2000年も3000年も前から、どの民族でも全部共通に持っている教育の基本的機能を取り戻そう。

　それは何か。自然のなかで生きている人間の教育にとって一番大切なのは、どんなことか。自然の言葉を読み書きできるように、親が子どもに教えることです。それは、人間が言葉や算数や何かを生み出すもっと前からの営みです。人間は自然のなかで生かされて生きているから、そのなかで生きていくことができる知恵を教えた。自然と対話しながら。だからリテラシーの一番の基本は、むしろ科学リテラシーだと。

　自然の言葉を読み書きできるという力を忘れさせられて、人間の内輪の言葉だけできれば賢い子だというのは間違っている。もっと自然自身の言葉を読み書きできる力を学ばないと、本当の人間は生きていけないのではないかということがささやかれ、主張され、だんだん声が大きくなったのです。

それが1992年に結実して、ついにユネスコの決議になります。リテラシーは、読み書きそろばん・科学なんだと。そしてそれに対応して、TIMSSとかPISAという名前で呼ばれている国際テストが注目されてきました。この国際テストには必ず理科が入っています。国語と算数と理科の3つは必ずあります。そして、それがどの程度できるかを国際的に比較しながら、新しい理科教育の内容が行われるようになっているかどうかをテストしようという試みが始まっているのです。

　このような経過で、理科教育というのがリテラシーとなったということになりますと、いままで私たちが受けていた理科教育は、理科をリテラシーとしてとらえていただろうか。先生も、子どもも、親も、理科を基幹科目の1つとして教えられていただろうか。理科が、これが、すべての科目のベースだとは、思っていなかったのではないか。

　せいぜい、理科を勉強すると技術が発達するし、みんな豊かになるから、誰かが科学者や技術者になって国を豊かにして、自分たちはそれを受け取っていればいいよ、というような意識でいたのが大半なんです。豊かとか、豊かでないという問題より、理科は、もっと人間の根本に属する基本的な科目。人と自然のありかたの基本、人が人になる基本の勉強に関わる科目だ、ということが分かってはいなかった。

　この理科に対するとらえ方の違いは、理科の基本を、すべての人々に教えなければならないと考えるか、一部でもよりよくできる人をたくさん育てるようにするかの違いになります。もちろん現代は両方必要ですし、その両者の相互関係、相互チェック体制が大切です。

ストックホルム会議
　全世界がそういうことになって、先端的な人の頭は切り替わっていますけれども、まだ、ほとんどの人の頭は切り替わっていません。大多数の人の頭では、国語、算数ができないと怒られるけれど、理科ができなくても怒られないのです。まだ生きていけると思っているからです。本当は生きていけないのだということに気づいていないのです。

第1講　科学リテラシーの時代の理科教育

　そこでなぜ科学が今日、リテラシーとして重要になったのかということを、お話します。このことを少なくとも先生がはっきり理解していないと子どもに伝わらない。子どもに伝わらないということは、次の時代がつくれないということです。日本が、世界の人たちが変われない。いままでと同じ道を歩み続けながら、気がついたら破滅の道を進んでいたということになりかねない。

　科学が今日、リテラシーとして重要になったのは、1972年にさかのぼります。スウェーデンのストックホルムで、国連の人間環境会議が開かれました。

　私が科学リテラシーの大切さに気づいたのは、1972年より20年以上もあとです。1994年にハンガリーのエゲルというところで、1992年におこなわれた環境サミットのフォローアップ会議が行われました。サイエンティストと科学教育者たちが集まって、これをさらに教育的に展開するための会議です。日本からは3人ほどが参加しました。

　私は科学教育部門で参加しましたが、そのうちのひとりは京都大学の先生です。水爆実験が行われ、そのときの「死の灰」をあびて、第五福竜丸の久保山愛吉という方が亡くなられたのですが、そのときの灰と放射線測定をして、これが水爆であることを発表された方で、京都の教育委員もやられた先生です。もうひとりは、日本エントロピー学会をつくり、循環型社会という考えを普及させ、日本で環境問題でかなり先駆的な発言をしておられた、当時信州大学の先生です。

　私は、なんとなく、ぼけっと参加しただけだけれども、その晩、二人の先生などから話を聞き「ああ、そうなのか。時代が大きく変わるのか」と強い衝撃を受けました。

　そこで1994年以降、帰ってきて、私は科学リテラシーのことを話すようになったのですが、それが日本でリテラシーという言葉をつかった、おそらく最初のころのではないかと思います。いまは誰でもいうようになりましたが。

実はそれよりもっと前、1972年にスウェーデンのストックホルムで国連人間環境会議が開かれました。そこでどういう決議がされたかというと、「いまは歴史の、文明の転換点である」、ターニングポイントである。そういう宣言をしました。
　つまり1972年の時点で、すでに国連人間環境会議は、「私たちはいま、歴史的な大転換期に来ている。この転換をちゃんとしないと、私たち人類は滅びる」と、一言でいえばそういう警鐘を鳴らしたのです。そして「人間と自然環境のあり方を新しくつくり直さない限り、私たちの未来は大変危ない」という宣言をしました。
　その10年前の1962年に、レイチェル・カーソンさんが『沈黙の春』（邦訳、新潮文庫）という本を書いて、さまざまな警鐘を鳴らしました。その影響もあって、世界中の生態学者など、さまざまな科学者たちが警鐘を鳴らしたのだけれども、ちっとも各国がいうことを聞いてくれない。どうしたらいいだろうということになって、国連に泣きついてきたのです。そしてこの会議が成立しました。
　国連に泣きついて、国連という錦の御旗でもって、各国の政治家を集めて問題を指摘しようということになって、初めて人間環境会議が開かれました。そのときに初めて「文明史的な転換点である」という歴史的な文書が書かれたのです。
　これは、いまとなってはかなり先駆的な文書で、当時、この経済のあり方を最もうまく運営していた国のように思われていた国も、ことごとくいま転換させられています。このときには、おおくの人は、この意味に気づいていない。
　いまは日本も一生懸命変わろうと努力していますが、その変わろうとする努力は、戦後初めての転換だとか、明治以来の転換だとか、実はそんな次元の問題ではないのだというのが、この文書を見れば分かります。日本は当時、もうすぐ石油がなくなる、というオイルショック騒動として騒がれた。しかしトイレットペーパー騒ぎがおきたけれど、人間と自然の関係を転換しなければならないとは、まだ本気で考

第1講　科学リテラシーの時代の理科教育

えられてはいなかったと思います。

　文明というものが初めてできたときからいままでの間の私たちのライフスタイルを大きく転換しなければならないときに、すでに来ている。それが変えられない国は、結局は滅びるわけです。無理なことをしようとしても、自然の法則はそれを認めてくれませんから、結果として、その国自身は滅びることになります。

　では、いったい何を変えなければならないか、という問題です。文明の発生より前のときには、人間は何をやっていたか。狩猟採集時代です。動物を狩ったり、木の実を採ったり、魚を獲ったりの狩猟採集をしていました。

　この暮らしは、人間もほかの動物と同じような生活です。ほかの動物も食べる・食べられるの関係の中で生きていて、人間も同じです。森の中で生きているからです。

　ここでは、人間は食物連鎖の一部に組み込まれて生きているということがはっきりしていました。人間は、他の生き物の命をいただきます。「いただきます」というのは、基本的には、「お命いただきます」ということですね。人間は動物で、植物ではありませんから、必ず他の生き物を捕食しなければ生きていけません。植物の命、動物の命をいただかなければ人間は生きていけないのです。その命の循環の中の一部だということが分かっています。だから、狩猟採集時代では、そういうことを理解していなければ生きていけません。

　ということは、人間は、他の生き物の命を奪うと同時に、他の生き物に対して命を捧げるということをしているということでもあるわけです。たべる、たべられるは、当然、双方向です。だから、この時代にポピュラーに行われていたのが、いけえの儀式です。

　つまり、もし森に異変があったとしたら、人間もなんとかしなければいけません。

　森が異変に遭うということは、食物連鎖の頂点に立っている、その森の中の高等生物、それが熊だったり、あるいはコンドルだったり、

キツネだったり、シカだったり、ヘビだったり、その場所における食物連鎖の頂点に立っている動物がいるわけですが、その動物、つまり森の神の数に着目するのです。かってにとってはいけません。その動物は殺してはいけないのです。その数が減ったり増えたりすることで森の生態系の変化を知るのですから。それを知るバロメーターがなくなります。もし森の神に異変があり、私たちのまわりにあらわれなくなったら、食物連鎖のピラミッドが小さくなっているのですから、つまり森に異変が生じている証拠ですから、なんとかしなければいけません。

　ということは、他の生き物に命を捧げて、他の生き物を豊かにすることによって、それが大きく回り回って人間の、自分たちの部族の集団の人口を維持するような営みが要ります。そのための儀式がいけにえの儀式になります。

　人口を減らすために、例えば子どもを産む可能性のある若い女の子を湖に投げ込む。あるいは、おじいさん、おばあさんを山に捨てる。奴隷としてつれてきた異民族を戦わせて、神へのいけにえにする。さまざまなことがありますけれども、そういういけにえの儀式をさかんにします。

　そして、それをしないとたたりがある、たたりがあるということは、疫病がはやるとか、いろいろなことがいわれるのですが、そしてまた森が豊かさを取り戻したときに、よかったといって感謝するとかお祭りをするということが行われていました。

　ところが、こんなことは野蛮だ。いけにえを捧げるとか、そんなことが許されるかということを考える人も、なかにはいるわけです。でも、そうしないと部族は生きていけないわけですから、そんなことはしようがないだろうと思われてきたのですが、そうではないといえるようになりました。

　それは農業と牧畜の発明でした。つまり食用になる植物の種を取って育てる。いちいち、毎回探しにいかなくても、自分の庭や、そばに

植えて育てるのです。あるいは動物でも、子どものときに連れてきて、そこで飼って増やして、必要に応じて食べるという、食べ物を自分の手元に置くことを覚えたわけです。人間に農業と牧畜の知恵がついたのです。

神殺しの神話

そうなってくると、狩猟採集時代のタブーからかなり自由になってくるわけです。このころ、何が行われたかというと、文明の発生のときに世界的に起きた大事件、神殺しという事件です。世界最初の神話というのは、ギルガメシュの神話で、メソポタミアの粘土板に、ギルガメシュ王という王様の話が出てきます。世界で最も古い神話のひとつで、神殺しの神話です。

それは、ギルガメシュ王という王様がいて、レバノン山脈に住んでいる、フンババという森の神様を殺すという神話です。森の神を殺すということは、昔はたたりがありました。食物連鎖の頂点にある動物を殺すわけですから、それは、してはいけないことだったのです。そんなことをしたら、森がどうなっているか分からなくなるからです。

そこでは必ず、森の神様をあがめるという考えと一体のものとして、いけにえがあったのです。神を殺すということと一体になっている儀式は、いけにえをなくすということです。

ギルガメシュ王という王様は、神殺しをしました。メソポタミア文明の発生によって、チグリス・ユーフラテスの川のところで農業や牧畜をやるようになって、ほかに行かなくても、その場所で定住して、安定して食物を得ることができるようになった。それならば、何もいけにえなどいらないじゃないかとなるのは当然ですね。

けれども、みんなは怖がっているわけです。レバノン山脈というところに巣くっているフンババという森の神。それがどういう動物なのか、私は分かりませんけれども、想像上の動物として、何かと何かがくっついたような形になっている、人間がイメージするフンババとい

う神様がいるわけです。それをギルガメシュ王は殺すという事件を起こすわけです。神殺しといいます。

そして、殺した。じゃあ、たたりがあったか。ないわけです。もうこれ、農業・牧畜ができるようになったから、たたりなんかないのです。「それ見ろ、たたりはないじゃないか。こんないけにえという野蛮なシステムはやめましょう」というのが文明の発生です。

ギルガメシュ王は英雄です。いけにえをやめさせるわけですから。すごい英雄です。このときに、どういう思想がうまれてきたか。

人間中心主義です。ヒューマニズムという思想の誕生ですね。これは動物と人間を同じ次元に置かない思想です。

これを取り入れて映画にしたのがスタジオジブリの『もののけ姫』というアニメーションではないかと思います。「よく見届けよ、神殺しとはいかなるものか」といって、エボシ御前が神殺しを行います。鹿（シシ神）を殺す場面がありますね。

あのときに注目して見なければいけないのは、エボシ御前はああいう神殺しをしますが、その裏返しとして、どういう思想を持っているかです。

狩猟採集の時代の村の王の家系に生まれたアシタカは、タタリ神にたたられて、追い出されるわけです。いわば捨てられるわけです。その部落の王子であるにもかかわらず、いまでいうとエボラ出血熱か何か、新しいウイルスに感染したのかもしれませんけれども、追い出されます。

サンという女の子も、いけにえで、多分、山の中に捨てられた子だと思います。アシタカもサンも捨てられて、サンはモロ（山犬）に育てられますけれども、アシタカは人間界と動物の間を行き来する旅を続けるのですね。

そのときにエボシ御前が、他の生き物と戦っていますから、怒りに震えて、手を震わせていたときに、自分の生活の場、たたら場の館の裏に連れていくのですね。そうすると、ぐるぐる包帯を巻いた人たち

が、みんな寝ているわけです。あれはハンセン氏病、昔の言葉でいうと、らい病です。いまはそうではないですが、死の病といわれていた時代がありました。そういう人たちが鉄砲を作っている。

　そのとき、その長がアシタカにいうことが、「おまえはすごく怒っているけれども、みんなが怖がって近づきも触りもしないのに、エボシさまは、わしらを人間として扱ってくれた最初の人だ」というのです。そうしたときにアシタカは、急に怒りがすっと収まっていく場面があります。

　エボシというのは、そういう意味では、このギルガメシュに相当しています。つまり、人間同士の差別は許さない。一方で、同時にそれは、他の生き物と人間とを同じ次元に扱うことはしない。むやみやたらに動物を殺すことはしませんけれども、人間と動物で、人間が危うくなったら人間の側に立ちます。これは近代主義です、基本的に。それがエボシです。

　だから、近代の持っているプラスとマイナス面を両方体現した力強い女性ですけれども、それがエボシ御前だということがいえます。

　ではその結果、いまはどうなっているか。いまは転換しようとしているのですが、農業と牧畜をやって、ギルガメシュの神話によって私たちが獲得した視点というのはどういう視点なのかというと、人間は食物連鎖から離脱した。人間は、食べる・食べられるの関係から離脱して、自由に食べ物をつくることができる。知恵と工夫によって、食べ物はいくらでもつくることができると思いこんだ。

　だから、他の生き物とのかかわりで、例えば人間も人口を制限しなければならないとか、そういうのは迷信である。だから、どんどん増えても構わないし、増えたときに人間を減らそうというのは後ろ向きの考えであって、科学技術を工夫して、新しい食物をつくり出せばいいではないかというのが前向きの考え方であるというふうに、ずっととらえられてきました。

　でも、生物学の教科書を開いて、「人間は食物連鎖から離脱した」

と書いてある教科書はありますか。ないでしょう、そんな教科書は。ないにもかかわらず無意識のうちに、大多数の人がそう思っています。人間が食べられる存在だと思っていません。人間はほかの動物を食べるとは思っていますけれども、人間も食べられるから逃げなければならないと思っていますか。人間だけは別だと、頂点に立っていると、大多数の人が思っています。

　昔は違います。この時代は、恐れおののいていました。いまは全然恐れていません。だから、生物学の教科書にはそんなことは書いていないにもかかわらず、まるで自分たちの意識としては全然違った意識を持っています。人間は食物連鎖から離脱したと思っています。

　その結果、現在何が起こっているかというと、生き物の大量絶滅という事態が起こっています。哺乳類の3分の1、は虫類の4分の1、それから鳥類の何分の1、魚類の何分の1が絶滅危惧種になっています。

　この大量絶滅は、古生代から中生代に移るとき（P-T境界）におきた。これはスーパープルームという大きな地熱の対流で大陸が一つになりまた分裂して、気候が大きく変動したのが主要原因です。また中生代から新生代に変わるときも大きな絶滅がありました。中生代から新生代への境のとき（K-T境界）、いまから6,500万年前。これは大きな、直径10キロぐらいの大隕石が地球に衝突したといわれています。そのときに恐竜が絶滅し、アンモナイトなどの海洋生物が絶滅しました。そして、わずかに生き残った恐竜が、いまは鳥類として生き延びているといわれていますが、これも大量絶滅の時代でした。

　だから歴史の地質学分類は、古生代、中生代、新生代と変わってきた。放っておけばこれからどうなるでしょう。新々生代になるのでしょうか。何時代か分からないけれど、人間が絶滅する大量絶滅が、近い将来起きないとも限りません。その後の時代は何が繁栄しているでしょう。

　大量絶滅が起きているということが、いったいどういうことをもた

第1講　科学リテラシーの時代の理科教育

らすかといいますと、1つの典型例がイースター島の悲劇と呼ばれているものです。

イースター島の悲劇

　イースター島という絶海の孤島があります。たくさんの人たちが移り住んでいた。モアイという大きな目を持った石像が島の内側を向いて、いまは立っていますが、昔は倒されていたのですね。なぜ倒されたか。

　あれは各部族のシンボルだったのです。しかし人口が増え、たくさんの森林がどんどん伐採されていきます。ヤシを伐採していく。そして部族間の争い。食べ物がだんだんなくなってきたときに、ほかの部族をやっつけて、自分たちの部族だけ生き残ろうとしたのです。長耳族や、短耳族など、たくさんの部族があるなかで、狭い島の中ですから大したことはないと思うのですが、ほかのやつらをやっつければ自分たちは生き延びられると思って、お互いに争いをして、結局は全滅して人がいなくなってしまったらしいのですね。

　これがイースター島の悲劇ですけれども、地球全体でみれば、いま世界はこれと似た状況にある。しかしいままで、なんとかなってきたのは、自分たち人間が住んでいる周りに森がたくさんあったからです。

　森というのは、ただ木がたくさん生えているというだけでなく、いわば生き物のおうちです。木があるだけが森なのではないですね。その中にたくさんの動物も住むし、植物も住んでいるし、いろいろなものが全部、一つのエコロジカル・システムとして存在しているのが森

第1章　何のための理科教育か

ですから、周りに森がある限りは、人間は生き続けられると思います。

ところが、どんどん木を切っていくにつれて、ついにメソポタミアは砂漠になってしまいました。ギリシャもはげ山になってイタリアに多くの人びとが移動すると、イタリアもだんだん丘が草地になってしまって、日本のような木の生えている山はなくなってしまいます。

それでアルプスを越えて、シュヴァルツヴァルトという黒い森のあるドイツに移り、それからフランスに移り、そしてアメリカに移り、どんどん移動していくうちに熱帯雨林にまで切り始めまして、切るところがだんだんなくなってきました。

それとともに大量絶滅が始まりました。つまり、有限の地球の中で人間の人口だけが異常に膨張して、他の生き物が絶滅していくというのが現状です。そのことを指摘したのが『レッド・データ・ブック』などを作っている、世界の生態学者が訴えて開かれた、国連人間環境会議です。こういう状況のもとで、人間が持続可能であるはずがないわけですね。

ほぼ同じころ世界のシンクタンクのローマクラブが、『成長の限界』（邦訳、ダイヤモンド社）という報告を出しました。有限の地球に無限の生産力の発展はない、というのがその主張です。ほぼ同じ見解ですね。そうしたときに、大量絶滅をしたイースター島の悲劇を繰り返さないためには、いったいなにが必要であるのか。

私たちはもう一度、自分たちだけが生き延びようとしています。また人間だけが生き延びようとしています。これらは考え方は同じです。

遺伝子工学を利用して新しい種をつくる、一粒にたくさんの実がなるような麦や米をつくろうという試みもあります。そうすればみんなが助かるではないか。だから科学技術の知恵が大切なのだよ、と。

しかし冷静によく考えれば、大きな循環の中で生物は生きているわけですから、一つの生き物だけに食べられる生き物を開発したからといって、大きなシステムが持続可能になるわけではありません。そういう考え方は、実はすでに成り立たなくなっている。その失敗の教

28

訓は、戦後行われた緑の革命という、新しい種を東南アジアに輸出することによって、みんなが生き延びようという計画がありましたが、それは大失敗しました。

　同じ一つの種類の稲や麦は、多様性がないですから環境の変動に対してたいへん弱いのです。気候の変動に対して、あっという間に収穫量が減ります。そうすると、気候が変動して多少収穫が減っても、ちゃんと実ってくれるのは、在来からそこにあった種なのです。ということで、結局アジアの国は、もう一度自分たちの古来の、本来の種を使うように変わってしまいました。

　基本的には、命は循環していますから、周りに森が残っていないと多様な生き物が住んでいけない。いまの状態のもとでは、全体としてはバランスをとっていくことができない。そうすると、次の新しい時代というのは、「有限の地球の中で他の生き物とともに人間も生きていく」社会に変わらなければいけない。他の生き物や自然とともに、人間もまた、その一部として賢く生きていく時代に変わらなければならないという時代に変わろうとしているといえます。

　これは何を意味するかというと、有限の地球に無限の生産力の拡大というのはそもそもないわけです。地球というのは有限の空間ですから、有限の空間の中に人間だけが無限に異常繁殖して、知恵と工夫によっていくらでも食物が自由につくれるわけでも、また他の生き物の存在と無関係に、自分の必要な生き物だけを増やすこともできません。

　牛肉でいうと、プリオンという異常タンパクがすでに発生したりしていますね。異常なかたちで、牛に牛の骨粉を食べさせる。共食いのような食事をさせることによって、おいしい肉をつくろうとか、大きな自然の摂理を無視したような生産をやればやるほど、それに対して大自然からのしっぺ返しが起きてくる。牛にBSEが発生するだけでなく、他にもウイルスが逆襲したり、インフルエンザが大流行したり。

　仕事で今度バンコクへ行きますが、バンコクはインフルエンザが大流行しているらしいが、マスクをするという習慣がない。みんな嫌が

ってマスクをしないらしくて、政府が必死になって「マスクはいいよ」といって勧めているらしいですけれども、僕らはどうしたらいいか。マスクを持っていかなければと思いますけれども。まだ人間は、今までの経験にない事態が起ころうとしていることに気づいていないのかもしれません。

　有限の地球に無限の生産力の拡大はないという時代になっているといえます。このとき、これに対して警鐘を鳴らし、1972年に人間環境会議をするもとになったのが、レイチェル・カーソンさんの『沈黙の春』という本です。この人が本を書いたのが1962年ですから、それから10年後に行われたのが1972年のストックホルムの人間環境会議です。

レイチェル・カーソンの至言

　レイチェル・カーソンさんは『沈黙の春』の中で、この文明史的な転換について3つのことを話しました。読んだことがある人は覚えているかもしれないし、読んだことのない人は読んでください。非常に名文ですから、『沈黙の春』は読んでみるといいと思います。

　この本は時代の制約もあって科学的に不十分なこともありますが、彼女の基本的主張はいまでも輝いています。

　レイチェル・カーソンさんという人が最初にいったのは、まず第一に「人間も動物である」ということです。

　なんで、こんな当たり前のことをいわなければいけないのか。これは、かなり痛烈にいっているわけです。レイチェル・カーソンさんがそういったとき、みんなは目から鱗が落ちたのです。

　人間は動物である。私たちは、台から落ちれば、下に落ちるじゃないですか。重力の法則から逃れられる人は誰もいない。地球の上にいて、重力から逃れられるものは一つもない。同じように、人間が動物である以上は、生物学の法則から逃れられるはずがないわけです。

　人間も動物という生物ですから、動物という生物の生物学的、基本

第1講　科学リテラシーの時代の理科教育

的な理法はなんですか。食物連鎖の中にあるということです。食べる・食べられるの関係の中で生きているのが動物なんです。捕食者ですから。生産者は植物ですが、人間は消費者ですから、捕食して、他の生き物を食べないと生きていけないわけです。

　食べる・食べられるの関係にあるのが、動物と人間の、決して逃れることができない宿命です。これは嫌でもそうです。人間は、いつから生物学の法則から自由になったと勝手に信じ込むようになったのでしょう、彼女はそういったのです。

　人間はいつから、生物学の法則になんか従っていないと誰もいっていないにもかかわらず、勝手にみんな思い込むようになったのでしょうか。人間が何に食べられるかを考えて勉強しているでしょうか。生物学の理法から決して離れていないのです。生物学の理法から離れては、人間は生きていけないのです。

　そんなことは当たり前のことです。生物学の勉強をしたなら。その当たり前のことを、まるで人間は、知恵と工夫によって自由に食物がどんどん生産できるという、まやかしの幻想に従って今日まで来ているというのはどうなのかということを、レイチェル・カーソンは指摘しました。

　二番目に彼女がいっているのは、「大きな力」を人間が持ってしまっている、ということです。大きな力というのは、悪魔のような力を、すでに人間は持ち始めている。45億年の地球の歴史が想定していない力を、すでに持ち始めている。

　たとえば核技術。私たちは化学の勉強をしますよね。化学反応式を書きます。そのとき原子の組み換えで、分子は変化していきますよね。45億年の地球と生物の歴史は、原子は変化しない。分子はその組み換えで変化する。それが理法であったのです。しかし人間は原子を変化させるすべを見つけ始めた。これは高々100年ほど前でしかありません。この技術ははたしてコントロール可能なのでしょうか。原子が変化しないように、神様は化学変化である原子の組み換え反応

の、100万倍のエネルギー障壁を設けていた。これを人間は利用しようとしていますが、はたして可能なのか。

しかし、この力は、失敗が許されない力です。「あっ、間違えた。ごめんね」といっても、自然が「いいよ」と修復してくれる力を超えた力を持ってしまった。大自然という大きな母親はかつて、人間が間違えたら、間違えたものを許してくれて、うまくそれを補正してくれたが、人間はいまやそういうものを超えた力を持ち始めている。

また生き物をつくること。遺伝子操作で、新しい種類の生き物をつくるとか、神の世界に属する力をすでに持ち始めていて、それが生態系にどういう影響を与えるのか、誰も知らない。そういう新しい時代が生じてきています。

人間は自由に食物を生産できると考えた。それは科学技術の力です。でも人間はすごく大きな力を持ちすぎるようになっています。そして、いまの同じ力を運用する社会システムをそのまま延長していけば、断崖絶壁から落ちるよりほかない、とカーソンさんはいっているわけです。高速道路の端は断崖絶壁だとみんな落ちますよ。そこで彼女は、三番目にいったのは「別の道」をいきましょう、でした。ハンドルをきり新しい道に切り替えましょう、といっています。

ハーメルンの笛吹きのように、子どもが楽しそうに踊っているうちに、みんな崖から落ちて死ぬということが起りかねない。だから、気づかせなければいけない。その笛に踊っていては駄目ですよ、行く先は断崖絶壁ですよと。苦しくても新しい道を開拓していきましょうということを『沈黙の春』でいっているわけです。

文明の転換点での教育

だから、ユネスコの国連人間環境会議では、これからは別な道を行こう、だからいまは文明の転換点だと、いいました。そうすると、それを分からせるにはどうしたらいいのか。教育しかありません。次の時代の子どもたちを賢く育てるほかないです。だから先生をしっか

り育てて、次の時代は人々が、争いなどをなくしていくように、先生が賢い生徒をどう育てるか。だから2002年の国連ヨハネスブルグ・サミットは、教育サミットになりました。

　人間はやっぱり、バカではないですね。すでに核兵器を廃絶しようという訴えを、米国大統領が提案する時代。一昔前には考えられなかったですね。そして、またグリーンニューディール計画をたて、ガソリン車はできるだけ撤廃して電気自動車にするとか。

　仮に車を削減して車の台数が、1970年の最初ぐらいになっても、僕らは1970年ごろは大学卒業直後ですから、べつにその時代は不便な時代とは思っていませんでした。その時代は車はいまの半分くらいでした。戻るのが何が不便なのか。原始に戻るわけではありませんから少し我慢すればいいだけです。

　そして、それに相応する新しい次の産業なり、農業なりを育てて、自然とともに生きていく。たとえばドイツやオーストリアでは、多くの農民や林業従事者は、政府の補助によって農村や山林の管理と普及指導員を兼ねていますね。そしてその生計が成り立つように政府は改革をするとともに自然環境を保護する。多くの小学生は農村で夏休みを過ごして、それを見てまた都会に帰ってくる。農民や林業従事者らはそのための民宿などをやりながら、農業や林業をやり生きていく。そして、若者が農業や林業に憧れを持つような工夫をしています。日本では漁業の大改革もたぶん必要でしょうね。

　だから、新しい政策をつくるための努力をしない限り、次の時代に生きていけないわけです。そういうことを宣言して、これから新しい時代を改革して行きましょう。賢い子どもたちを育てていきましょう。それが国連人間環境会議ですね。そのために理科をしっかり学ぼう。こうして科学がリテラシーになったのです。

　いままでは、自然の言葉を聞いていなかった。自然の言葉を聞かずに、人々はみんな、自分の夢を語っていたのです。自分の夢を語るときには、人間同士の夢だけではなく、もっとベースにある、ものをい

わない自然の言葉を聞きながら、人間はその夢を語らなければいけません。
　次の時代の人間の夢というのは、自然の言葉を聞いて、自然とともに生きられる、それは同時に、人間同士が争いをやめることであるし、そして自分だけの幸せだけではなく、他の人たちとともに生きる幸せを追求することであるのですね。そういう次の時代に生きていくことになるわけです。そういう意味から、なんのための科学かを考え、どういう科学技術を発達させるかを考えるために、科学がリテラシーになったというのは、たいへん大きな時代の変化だと思います。

第2講　すべての人々のための
理科教育の社会的意味

科学リテラシー

　前回は、いま大きく歴史が変わってきているというお話をしました。歴史が変わってきているというのは、時代の転換点にきているということです。今日はその内容と方法がどう変わってきているかを話します。これを象徴するのが、世界で最初に行われた一般市民に対する科学リテラシー・テストです。

　いままで中学2年生の理科テストとか、高校2年生の理科テストとか、小学校4年生の理科テスト、そういうものは比較的全世界で、そうとう昔から、いろいろと国際比較のために行われています。

ところが一般市民の科学のテストは行われていなかった。一般市民というのは80歳のおじいさんや20歳のお嬢さんとか、あるいは漁師をしている人とか、公務員をしている人とか、そういう当たり前の人です。全世界の多くの国、だいたい30カ国ぐらいの先進国を中心とした国で、1990年代の終わりごろ、老若男女問わず、職業の違いを問わず、一般市民に対する科学リテラシー調査が行われました。つまり一般市民が、科学の基礎、基本ができているかどうか。それを知ろうという調査です。一般市民に対して、こんな基礎学力調査を1990年代に最初に行ったのは、OECD（経済開発協力機構）の調査です（注1）。

　どういう問題がでたかというと、短答式と論述式があるのですが、短答式のほうは、イエスかノーかだけです。

　例えば、「地球の中心は非常に熱い」、イエスかノーか。「すべての放射能は人が作り出した」、イエスかノーか。「私たちが呼吸している酸素は植物が生み出す」か。「子孫の性別を決めるのは父親の遺伝子である」か。「レーザーは音波を収束させてつくる」か。それから「電子は原子よりも小さい」か。それから「抗生物質はバクテリアもウイルスも殺す」か、等々。いざ聞かれると怪しくなるような、ちょっと心配になるような問いもありますけれども、こういうものを一般市民に対して聞いたのです。その結果が、日本は統計をとった国の中で、ビリに近かった。

　短答式平均点で何％の正答率であったかというと、日本は17％ぐらいでした。かなり深刻な状況です。トップのデンマークの人は半分ぐらいできていましたから。これは当時かなり深刻でしたね。

　特に深刻だったのは、論述なのです。一番最後に、「自分の言葉で説明せよ」という設問があります。これはどの国も成績が悪かったのです。でも、そのなかで日本は、ほとんど0点でした。点数がないん

　（注1）OECD ; Promoting Public Understanding of Science and Technology, Paris (1997). 応用物理学会物理教育小委員会、1993年3月号より。

です。

　ではどういう問題かというと、「ＤＮＡとは何か」、きちんと定義を書けますか？　それから「分子とは何か」、書けますか？　あるいは「放射線とは何か」「インターネットとは何か」、そういう言葉は生活の中で使っているんです。でもいざ定義を書けといわれて、書けますか

　一つ例を挙げますと「分子とは何か」、これも日本はほとんど全滅でした。みんなどう書いたかというと、一応書いている人も多いんですよね。書いてあるのだけれども「ものすごく小さな粒」としか書いてないのです。これは部分点しかもらえません。だって原子との違いが書いてありませんから。模範解答は、「原子と分子の違いが明確に書いてあること」とあるのです。

　これについては日本の若者も怪しいものです。その証拠に、日本のある中学の３年生に、ちょうどこの当時1995年に行われた一斉テストで、「原子の種類はいったい何種類ぐらいありますか」という問いに対して、中学生のおよそ49％が「無限に近い」と書いているんです。分子の種類ではないですよ。原子の種類をきいているのです。

　これは数が記憶されていなかったという問題ではないですね。少数の、有限の原子によって、無限の種類の物質のもとが、その組み合わせによってつくられているという自然の仕組みの根本的考え方が、半分くらいの生徒が持っていないということを露呈しているわけです。ただ数値の記憶の問題ではない。自然観の問題です。そういうのができていない。

日本の不思議さ

　そういうようなデータが明らかになって、当時のインターネットで全世界に衝撃が飛び交ったのです。どういう衝撃かというと、日本のTIMSSというテストの結果とのギャップです。TIMSSというのは、国際到達度調査学会の、国際数学・理科教育調査のことで、この中学校２年生に対して行われたテスト結果は、世界でほとんどトップだっ

たのです。

　つまり若者の理科テストで全世界トップの国が、市民の科学リテラシーレベルはビリに近い。これが話題になったのです。全世界にそれがパッと飛び交うわけです。日本はすごくできる、できる、と威張っていたけれども、案外、市民になるとぜんぜんできないじゃないかと。いろいろいい訳はしていましたけれども、いったい何なんだろうということがいろいろいわれて、文部科学省もこの結果に愕然としたことでしょう。

　いままでこういうことはなかったのです。学校で勉強したことが、普通の一般市民とぜんぜん関係ないということを意味しているからです。学校のテストの成績と、普通の市民の持っている基本的な科学に対する知識は、ちょっと違うだけではなくて、トップとビリとでは、あまりにも差が激しすぎますから、「どうなっているんだ、この国の学校教育は」ということが急に話題になったんですね。

　一般的にいえば、さまざまな試みにもかかわらず、欧米の市民の科学リテラシーは低下の傾向にあります。それには移民の問題が背景にあります。その国の言語が十分に扱えなかったり、文化が違ったりする人々との共存が課題になっています。しかし日本はほとんどそういう問題を、現在のところ抱えていない。政策的に排除しているといえます。そんな状況なのになぜ低いのだ、となります。

　それをずっとフォローアップする他の調査もこの時期に行われています。「OECD加盟国の一般市民の科学上の新発見への関心」の調査です。「新聞記事で、科学上、新しいことが発見されたと報道されることに対して関心があるかどうか」。これもほとんどビリでした。当時のOECD参加諸国の中で最下位に近い。当時の日本は、このOECD加盟先進国諸国で、新発見が新聞記事になっていても、一番読まない国なのです。

　それを物語るように、科学雑誌というのはどんどん潰れていますね。科学雑誌というのは日本に昔はいろいろあったのですが、もうどんど

第2講　すべての人々のための理科教育の社会的意味

ん潰れた。出版を続けている雑誌は数少なくなってきている。

　世界では、日本はどういう国といわれていますか。科学技術の国ですよ。日本は政府も「科学技術立国」といっているでしょう。ところが一般市民は、先進国で「最も科学上の新発見への関心が薄い国」という調査結果が出ているのです。

　いまから40年前、われわれが若者のころは、おそらくトップに近い関心があったと思います。この40年の間に急速に落ちています。ということは、40年後の日本はいったいどうなるでしょう。

　これは放ったらかしにできない問題です。あたり前のように思っているかもしれないけれども、他と比較をすることがなかったから、あまり気にならなかったのです。

　ではなぜ日本の中学生の理科の成績がそんなにいいのか。普通、一般人は科学技術に対する関心がなく、そして一般市民の科学リテラシーがほとんどビリの国で、中学生や高校生の国際テストが、世界トップになるはずはないじゃないですか、常識的にいえば。それがトップなのです。そこでまことしやかに当時、裏話で語られたのは、「日本はテストの問題をこっそり教えているんじゃないか」、常識的にはそうなりますね。世界から見れば。

　ところが、実はそれを裏づける現状があるのです。これは何かというと、各国のテスト問題の履修率です。つまり、小中高校の先生が授業で教えます。その教えた結果をテストに出すときに、教えたこととほとんど同じ問題を出す率がどのぐらいかという率です。少しひねったり応用問題として一部出す率が高いか、それともだいたい勉強していれば、ほとんどそのまま書けばいいか。日本はほとんどそのまま書けばいい問題の率が非常に高いのです。ほとんど同じ問題を出すんです。日本の先生の常識は、「4問あれば3問はほとんど同じ問題を出さないと、問題が難しすぎる」と親や生徒にいわれてしまう。せいぜい応用問題を出すにしても、4問中1問ぐらいです。暗記していれば75点は取れる。それがだいたい相場なのです。

第1章 何のための理科教育か

　ところが世界の相場はどうかというと、当時国立教育研究所の板倉聖宣さんの調査報告（注2）によれば、違うんです。世界の相場は半分なのです。世界の、アメリカやフランスやイギリスやドイツなど、多くの国がテスト問題をつくるときに先生はどうするかというと、まあある程度、授業を覚えていればできる問題を出しますよ。でもせいぜい半分です。

　ということは、勉強したことを基にして、何か未知なることを予測できないと、テストにならないんです。それが世界の普通のテストなのです。つまり日本のテストは、違うんです。だから裏で答えを教えているといわれてしまうのです。

　TIMSSのテストやPISAの全世界のテストがありますね。「日本は成績が悪い」といわれると、一斉に何をやるか。出そうな問題のドリルが始まるのです。出そうな問題の問題集が発売されて、先生はそれを買う。塾は一生懸命それをやっています。出そうな問題の答えを早く教えて、反射的に答えられるようにする。そういう勉強をしています。

　でも、そういう勉強をせざるを得ないのは、ちょんまげを結っていた時代から、新しく近代化して、全く新しく科学技術を見習ってつくらなければならない時代ならまだしも、経済的にもこういう世界の中で先進の国になったときに、そんなことをやっていていいんでしょうかともいえます。

　では世界各国の履修率、つまり、なぜ世界各国が半分ぐらいの履修率になってしまうか。先生の気分からいえばどの国でもドリルをやりたいと思う気持ちがあるかも知れません。でも日本と違うところがあるのです。それは何かというと、学校ごと、先生ごとに教えることがかなりバラバラなのです。日本は小学校3年生とか中学校1年生というと、ほとんど教えることは全部一緒なのです。テストもほとんど同じに近いです。

（注2）『科学的学び方・教え方』（太郎次郎社、1975）

第2講　すべての人々のための理科教育の社会的意味

　物理でいいますと、運動を解析するときに、ト、ト、ト、ト、ト、ト、ト、トと叩いてタイマーでテープに点を付けて、運動の加速度などを出すのが、いまでも中学や高校の教科書に載っていますね。1960年代から70年代に理科教育現代化運動で流行した実験ですが、これをいまだに世界でやっているのは、多分ほとんど東南アジアの一部だけです。では他は何をしているかというと、良い学校では、日本がつくっているビデオカメラを使って、きちんと千分の1秒で解析できるものがありますから、それでもって運動を解析して、テニスの運動とか、鉄棒の体操競技とか、いろいろな面白い運動をビデオに撮って、きちんとその運動を解析して楽しい授業をやっています。でも日本はそれを、ほとんどやっていません。

　他の国の人から国際学会で、「なぜ日本はビデオカメラの技術で、世界中であんなにトップのシェアを占めているのに、授業で古い、いまから30年前のテープで、ポン、ポン叩くやつを、まだやっているんですか」といわれるんですね。「もっと面白くて楽しい授業ができるはずだ」と。

　僕が香川県の中学校の先生の教材作成委員会に入りまして、そこで顧問をやってくださいというから顧問になった。教材作成委員会の先生がいっぱいいて、「ビデオを使っていろんな運動の解析をやったらどうですか」と提案したら怒られちゃった。

　「先生、それはもちろんやりたいと思う。けれども、高校入試は学習指導要領によって決まった内容が出る。学習指導要領に基づく教科書はタイマーでやっています。したがってタイマーが分かっていないと入試が受からない。だから絶対やらなければいけない、入試にビデオの問題なんか出ません」というんです。

　ああ、そうですかと私は妥協せざるを得なかった。学習指導要領に対するガチガチの締め付けみたいなものが、中学レベルでもあるおかげで、30年前からちっとも変わらない状態がある。もっと別なほうがいいと分かっていても、やらざるを得ない。

そのように、全部一律に決まっているわけです。植物の花を使うといったら、北海道と沖縄とではぜんぜん植物相が違うけれど、同じ花を使うことが多いとか。そんなことは学習指導要領でいっていないはずなんだけれど、ほとんどいっているに等しいような状態で実践は行われている。どこもオシロイバナを使うとかね。準拠している問題集や参考書がそうなんですから、それでみんな決まっちゃっています。

そういうふうに日本では自主規制を含めてビシッと決まっている状態であるが、ヨーロッパや他の多くの国は、先生によって、地域によってバラバラです。だいたいデンマークにしてもドイツにしても、一つの国で州ごとに文部大臣がいて、さらにその中で学校ごとに、またそれぞれの先生ごとに違った方針がありますから、まさにバラバラですね。

中学校から高校にバッと入ってきた子の中学校での準備が他国ではぜんぜん違うんですから、テストだって半分ぐらい教えられているが、半分ぐらいは分かっていない。そういう状態でテストをすることに慣れてしまっています。ということは、基本的なことは全員教えられていますから、基本的なことから個々の具体的な未知のことを予測するより仕方ないですね。そういうのが当たり前になってきているわけです。やむをえずそうなっているのかもしれませんが、すでに高校ぐらいになると、小学校から積み重ねていくうちに、自分が教えられたものがテストに出るか出ないかで、他の国では文句なんかいわないです。それは考えられないほうがいけないと思われているんです。日本の場合、一律になっていますから、習ったか、習っていないかということが問題で、考える力があるかどうかは問題になっていない。それでよいか。それが問題でしょう。

理科好きでできる子

では世界的に見て、本当にできるかどうかは、事前に知っているかどうかではないとすれば、本当にできるかどうかは何でもって計るか

第2講 すべての人々のための理科教育の社会的意味

というと、TIMSSやPISAのテストと並行して行われたのは、読書量調査です。

あなたは1週間に何冊本を読みますか。理科の授業に関する本を参照して、どこか本屋に行って手に入れますか、図書館で借りますか、あるいは家にどれだけ本箱がありますか、そういう調査を同時にやるのです。やっぱり日本は圧倒的に少ないですね。極端に少ない。ほとんど1カ月に1冊も読まない人がいっぱいいます。テストの成績がよくても。つまり問題集や参考書は一生懸命読んでも、一般の自然科学書を読むことはほとんどないです。

世界的に、できるかどうかの相関は、間違いなくあります。本当にできる子は、必ず自分で読書をする力があります。読書をするというか、まあ文学を読むという、そういう意味の読書ではなくて、パッと本を買ってきたり、本を借りてきたりして、それを読んで素早くそのポイントをつかんで中身を理解する力、これが高いんですね。できる子というのは、そういう力があります。

したがって、授業で先生がひとこといったそのことを、パッと10にも20にも拡大しながら補いながら、考える力があります。つまり授業が授業だけで完結していないんです。そういう人が「できる人」だということがいえます。

だから本当にできるかどうかは、事前に授業でやることをドリルして答えを知っているかどうかの問題ではなくて、未知のことを自分で調べられる力があるかどうか、未知のことを推測する力があるかどうか。学校の勉強が教室で閉じていない、ということです。それを深め

られる、疑問を持つ、そういうことが本当にできるかどうかですから、そういう力を本当は育てないといけないのですけれども、どうもそれが日本ではうまく育っていないのではないか。これらのギャップが国際比較となって、かなり明らかになってきています。

　もちろんそういう状況でも、日本で良い実践をしている先生や学校はありますから希望はありますが、それをもっと励ますようなシステムがほしいですね。

　あえていえば、こういうテスト的授業も日本だってどうも昔からではないらしい。1970年代に教科書のあやまりを指摘する先生がたくさん出た。そこで教科書はどれだけ正しいか調査した名古屋大学教育学部の先生がいた。その結果「もっと昔のほうがたくさん間違っていた、それなのにその時代はほとんど指摘がなかった」そうです。どうしてかというと、学校で先生が「いや、それはちがうよ」というと、生徒は納得したというのです。

　しかしだんだん生徒が先生を信用しなくなった。おおらかな教育がだんだんおかしくなってきたこともあるかもしれません。その結果教科書がへんに権威的になってきてしまった。いまノーベル賞を日本人がたくさん取っていますね。彼らはこの時代のおおらかな教育を受けた人ですね、たぶん。

　話を元に戻します。では科学リテラシーを身につけるにはどうしたらいいか。国際的には、科学リテラシーが高いか、あるいはどういう場合が高いだろうかということを国際調査で調べてみると、これもはっきりと相関があるものがあるんですね。

　理科が好きな生徒の割合と、科学リテラシーが高いかどうかの相関は、はっきりとあります。理科嫌いは、リテラシーが低いです。理科が嫌いという人は、一般市民、あるいはそういう親や周りの雰囲気の中では、科学リテラシーが高くならない。当たり前といえば当たり前です。

　その国民が、科学リテラシーが高いかどうかは、その国民が科学に

第2講　すべての人々のための理科教育の社会的意味

対する関心を持ち、理科好きであるかどうかなんです。文部科学省が必死になって「理科好きな子を育てなさい」といいながら大騒ぎして、理科好きを育てる実験教室をやれとかいって騒いでいるのですが、まあ、それは科学リテラシーの向上にプラスです。それは、もちろん大切だと思いますけれども、科学のリテラシーが高いかどうかは、理科が好きかどうかです。関心を持って、面白いと思うかどうかですね。そういう子を育てるかどうかです。

　これはできるかどうかとは別です。理科好きだからできるとは限りません。理科好きだからといってできるわけではないけれども、理科好きでなければ話にならないです。関心を持って新聞を読む、科学技術の雑誌を読む、いまの現代の社会における科学技術の諸問題を考察するとか、そういうことができなくなりますから、したがって理科好きだということが大切なのです。

　しかし同時に、その国が自然科学で、あるいは技術でもって国を支えることも大切です。日本なんか特にそうですね。そういう場合、科学ができるかどうかは、理科好きが一部いるだけでは心もとない。できる子もいる。その子のためには、科学の答えを早めにドリルするとか、そういうことではないです。そうでしょう？　自立して学ぶことができるしっかりした子がいるかどうか、ということです。

　自立して学ぶ力というのは、一般的にいうと読書です。読書といっても、ただ趣味として読書をするのではなくて、本を読みこなすということです。つまり知識の源泉は先生の言葉だけではない。これはその社会における問題点、何が問題なのかに気づく力。なぜそういう政

策をとっているのだろうか。社会におけるさまざまな問題に気づけるか。この総合的な力を持つ生徒のほうが、社会にとってさまざまな問題を解決することができる人間ということができます。

　理科が好きで、なおかつできる生徒を育てたい。そんな理科に関心を持つ普通の市民、当たり前の市民が必要なわけです。両方必要なのです。そこで、ではどうしたらいいかということになります。

バックキャスト方式

　いま全世界でPISAのテストが実施されています。その係にバイビーさんという方がおられ、彼は生物学者なのですが、国際理科テストの科学部門の専門委員長です。その方に、科学リテラシーと、科学ができること、その両方を育てる方法を聴いたことがあります。

　余談ですが、イギリスにヨークという街があります。ヨークというのはイギリスにある古い街で、日本でいうと京都になるんでしょうか。ロンドンというのは日本でいうと東京ですね。ヨークからアメリカへ行った人たちがつくったのがニューヨークです。ヨークは要塞都市のようになっていて、なかなか面白いです。城壁の上を歩いて回れるようになっています。

　しばらく前、このヨークで、PISAの出した問題の点検の会議がありました。点検をしたりするのは文部科学省の人たちや日本でいうと国立教育政策研究所の人やその任命した人ですが、そのときはたまたま日本学術会議や学会の関係の推薦によって、私がそこに参加した。日本の元物理学会の会長さんの北原和夫先生とともに参加して、いろいろなことを議論して面白かったんです。そのヨークで行われたPISAのテストを考えるとき、そのときにバイビー委員長にいろいろ質問し、なるほどと思って帰ってきました。

　結局彼は、二つの大切なことをいっているんですね。これからの21世紀という大切なときに、どういうことをきちんと勉強させる必要があるのか。それを考えると、バイビーさんはまず第一に、大切な

第2講　すべての人々のための理科教育の社会的意味

ことは、すべての人にしっかり教えておくことがはっきりある、といっているのです。大切なこととはなにか。それは考えるもとの考え。科学の自然観と基礎概念である。全部覚えろということではなくて、考える基の考えは、きちんと理解し、すべての生徒に徹底して、定義まで理解させておかなければいけない。

　これが、彼がアピールする「自然観」の教育です。自然観に関わる概念に関しては、小学校の段階から難しくても、ずっと一貫して義務教育が終わるまでその視点で教え続けるということが大切だというのです。

　この自然観に関わるということは難しいから、いままで教えることを躊躇してきた。例えば、原子、分子とか、電気や電子の見方とか。小学校では、どうもこれを教えてはいません。難しいからと、日本では小学校では教えません。そういうふうに、原子、分子なんていう目に見えないものは分からないだろうということで、教えるのをどんどん先送りしてきたんです。

　しかし先送りせずに、もう小学校の最初から教える必要がある。原子、分子を。そしてそのときには分からなくても、中学校卒業の段階でやっとしっかり分かればいいんだ。そういう教え方がいる。小学校3年生で全部教えて終わりというふうに考えなくていい、教えているけれども、分からなくても仕方ない。ただ小学校3年生で1割分かって、小学校5年生で半分ぐらい分かって、中学校を卒業するときに全部分かればいい。

　つまり、小学校からこれは一貫して教える必要があるんだと。義務教育終了の段階で全員が確実にわかっているべきことは、たとえ難しくても、その視点で小中高一貫カリキュラムをつくる。これを「バックキャスト方式」といいます。

　地球温暖化の問題で、1990年の排出量に対して何％削減するということを各国の政治家がいっていますね。これにたいして「いや、そんなことはできないぞ」とか、「まず電気業界が何％削減して、鉄鋼

47

業界が何％削減しないと」と全部足しますね。すると目標の削減率にならない。このような可能な目標を足して積み重ねることを「フォアキャスト」といいます。いまから出発して未来を考えることがフォアキャスト方式です。日本の教育もこれをやって、どんどん難しいものを先送りにして、高校初年級や、中学3年で困ってしまった。

　つまり、バイビーさんは、これを逆にしようというのです。バックキャスト方式では、教育のカリキュラムをつくる方針が、まるっきり180度変わってくるのです。

　いままではフォアキャスト方式。可能なものを順番に積み足して、だんだん基礎から積み上げる。難しい、難しいという部分は放り投げるんです。いままではそうでした。難しいからと、結局、何も教えられなくなってしまう。現実に難しい事態がいっぱい発生しているのに、それに対応するだけのものがない子どもが増えてしまっているのです。

　難しいか、難しくないか、何で決まるかというと、先生の教え方によっても決まる。生まれつき、生得的に、発達段階から絶対難しいかというと、そうではないかもしれない。研究によって工夫をすれば。

　バックキャスト方式というのは、教えねばならないことを先に目標としてパッと決めてしまうんです。「何年度までに1990年の排出量から25％削減する」と決めてしまいます。するとどうなりますか。「そう簡単にはできないじゃないか」という声の大合唱になりますね。ヨーロッパの国でも同じです。みんな、そう簡単にできないと思います。だけれども、決めます。そうするとどうなるかというと、研究が必要になります。

　そうでしょう。フォアキャストなら、可能なことを積み上げて、できないならば「できません」で終わり。バックキャストは、「もうこれをしないと地球が持続可能にならない」と。水没する国が生まれたり、大洪水が起きたり、カトリーナのような巨大なハリケーンが生ま

第2講　すべての人々のための理科教育の社会的意味

れたり、北極の氷が解けて偏西風の蛇行経路が変わり、いままでとは違う熱波や寒波地域ができる。このように気候変動で気象がガタガタになるのではないかと。一個一個は。でも、そういうものは、なぜそうなるか、結局どこからきているのか。それを考えると、もう目をつむって、英断でもってやらざるを得ない。そこでやる。

　そうするとどうなるかというと、「研究的実践」になります。研究的実践というのは、一般的にいうと難しいけれども、それをどうしたらうまく教えられるかを、義務教育全体の教員が協力し研究工夫しなければいけないわけです。それは小学校の先生と高校の先生が協力する。高校の先生と中学校の先生が協力する。小学校の先生と中学校の先生が協力する。協力して、どのようなカリキュラムをつくるのか。教えなければならないことは、小学校から大学まで、全部の先生がみんなで考えあって、一緒の研究会で考えるということになるわけです。これを一貫カリキュラムといいます。

　いままでは、文部科学省の方針はバラバラでした。小学校の指導要領は、小学校の先生と関係のある大学の先生だけがつくっていた。中学校の指導要領は中学校の先生と中学校に関係する人たちだけでつくっていた。高校は高校で、バラバラでした。今度の学習指導要領は、小中高の理科の先生が、一堂に会して、理科部会で初めて合同会議を開いて検討しました。まだ十分とはいえません。まだいい加減ですけれども、とにかく初めてやった。これは私は評価します。これはバックキャスト方式を明らかに意識しています。この方式は、しっかりやると、例えば義務教育卒業段階での内容を、小学校の先生が理解していなければならないことになる。これを卒業段階で身につけるために、小学校3年生で何を教えるか3年生の先生が考えることになる。また6年生で何を学ぶかを中学や高校の先生と相談しながら、6年生の担当の先生が実践を工夫し、研究することになります。これが連携研究です。

自然観と判断力の教育

　そこで、例えばどういう問題を、理解させたいか。その中身はどうか。「平成7年度調査　TIMSS小学校4年生の問題」を例に考えてみましょう。

　右の図は、昆虫が木の花から草の花へ花粉を運ぶ様子です。これは全世界で行われました。小学校4年生が対象です。「一番起こりそうなことはどれですか。次の1から4までの中で1つ選びなさい」

　1．木から生まれる子孫が、草に似る。
　2．草から生まれる子孫が、木に似る。
　3．草から生まれる子孫が、木と草の両方に似る。
　4．子孫ができないので、何も起こらない。

さあ、どれですか。花粉を木の花から草の花へ運ぶんです。日本は参加国中ビリでした。
　答えは4です。1位のチェコでは、4の正当を選んだ子が79.4％、80％近くいます。
　これは何を聞いている問題か分かりますか。小学校4年生でも知っていなければならないと、ユネスコも含め、多くの機関が考えている自然観で大切な、種の定義です。
　小学校3年生でも2年生でも、いろいろな生き物がいるよということは日本でも教科書で、やっているのです。「小川の生き物がいろいろあることを観察しよう」と、「どういう草花があるかを観察しよう」

第2講　すべての人々のための理科教育の社会的意味

というのは、小学校でやっているんです。

でも象さんは鼻が長いとか、キリンの首が長いとか、それは大切であっても、種の本質的な違いではないでしょう。「この種とこの種が違うのは、交配して子どもが生まれるかどうか」です。一番基礎的な種の理解、初歩的な理解は、交配して子どもが生まれなくなったときに、新しい種として独立するわけです。

だから、交配して子どもが生まれる限り、ある一つの種のギリギリの範囲内にとどまっているんです。「いろいろ」という、その「いろいろ」の境界がどこにあるのかを聞いているのです。これは、科学的な理解の本質的な理解です。

実はPISAのテストは、科学的な社会で起こっているさまざまな問題を判断できる力を育てたいと思っているんです。判断できる力を育てるときに、きちんとした基礎知識がなければ判断できない。一昔前は、科学の方法とか思考力ということは、思考力だけで教えていましたが、それはよくない。きちんとした自然観についての基本的認識を持っていないと判断力は出てこない。だから、きちんとした、しっかりした勉強をさせなさいというのが、最近の科学リテラシーの教育の特徴です。

したがって自然科学教育で、基礎概念と自然観の教育はきちんとやる。ただ単に判断力だけではうわついてしまう。それをバイビーさんは「概念的方法的理解」といいます。

「方法的理解」というのは、判断力ですね。科学の論法、判断力とか、さまざまな社会的なものを判断する力を育てていくことが最終的な目標なのだけれども、それが分かるためには、概念をきちんと与えられていないと、その方法的理解には至らない。

その概念とは何かというと、自然観に関わる具体的事例をきちんと理解させなさいということをいっているわけです。

では、「自然観に関わることを本当に理解させていますか」ということで、例えば、次の問題を見てください。光は小学校で必ずやりま

す。光と影をやるでしょう。「自分から光を出すのは次のどれですか。次の1から4までの中から、1つ選びなさい」

1．かがみ
2．ロウソクのほのお
3．ダイヤモンドの指輪
4．虫めがね

　自分から光るのはどれですか。こんなもの、ロウソクのほのおだけに、決まっているでしょう、自分から光るのは。あとは全部反射しているんでしょう。ところが日本の子どもたちは、調査国のビリから3番目です。
　つまり、ダイヤモンドも自分で光っているとか、鏡も自分で光っているとか思っている子がかなりいるんです。つまり、小学校3年生や4年生で、光の問題を出したときに、反射の法則や屈折の法則は、ほとんど90点なのです。小学生で。しかしこんな自然観に関わることを聞くと、国際的にビリに近いのです。どっちが大切なことですか。反射の法則で、入射角と反射角が等しいということを知っていても、大したことではないです。こっちのほうが重要でしょう。
　自分で光るものと、自分で光らないものの区別がつかなくて、光ったときに、光がどういうふうに動くかの筋道について考えても、どうなんでしょう。一番重要なのは、どっちでしょう。これを自然観というのですが、これは500～600年ほど前にやっと分かってきたんです。それより以前はいい加減でした。長い間、普通の人たちも、やっぱり子どもたちと同じようなことを考えている人間がたくさんいたんですね。それが変革されて、やっとここまできたんです。長い間、人間が間違えていた認識（誤認識）を、やっと分かるようになって、自分で光るものと、反射して光るものがある。それは当たり前だからといって問題にしなくなってしまったけれど、では子どもたちはどうだ

第2講　すべての人々のための理科教育の社会的意味

というと、やっぱり昔と同じように分からない。

こういうようなことではいけないのではないかというのが、自然観についての理解ということです。

こういうことがきちんと分かると、未知のことも予測できるようになるんですね。難しいかもしれないけれども、そういうことをきちんと教えてあげると、子どもたちが未知なことにぶつかったときに、いろいろなことを判断することができる根拠を得ているわけです。難しいことでも。

では、中学生はどうか。「昔、農夫が腐った魚をそばに埋めると、トウモロコシがよく育つことを発見しました。植物が成長するのに、腐った魚の何が役立つのですか」

1．エネルギー
2．無機物（ミネラル）
3．タンパク質
4．酸素
5．水

どう思いますか。腐った魚を植物の根の所に埋めるということを昔から日本人もやっていますね。そうするとよく育つんです。なぜ育つのか。魚の何が役に立つのかということを聞いているんです。日本はビリではありませんけれども、まあ、あまり成績はよくなかったですね。

答えは、ミネラルです。堂々と自信を持って君たちは答えられましたか。これは中学レベルの21世紀の必須知識だと思って出されています。

これが分からないと、例えば、いま全世界でダムを壊しています。アメリカではもう150ぐらいのダムが壊されました。ドイツもほとんど壊しています。なぜダムを壊すのかというと、ダムを壊すことによって、海から魚が遡上できるようになります。日本でいうと北海道

では、いくつかのダムで川から魚が遡上できるようにしました。そうすると熊が食べたりしますが、魚が川上で死ぬじゃないですか。そうすると山に森が豊かになる。山に森が豊かになると、それが緑のダムになって貯水池がわりになる。するとダムをつくらなくても、落ち葉が水をたくさん貯めることができます。そして洪水が起こらなくなるだけではなくて、そこから発生するさまざまな栄養物が川に流れ込むために、海岸の昆布がもう一度甦ったり、あるいは魚もそこに住み着いたりして、豊かな海、ひいては豊かな森の土壌が戻ってきます。ダム1つだけよりも、ずっと貯水効果は大きいし、そして洪水を防止する効果も大きいということが分かってきて、いま大きく変化していますね。

　そのときに、魚が1匹遡上したからといって、こんなに大きな森ができるだけのエネルギーは、魚1匹にはないのです。ところが植物というのは、基本的には動物ではありませんから、独立栄養、光合成できるわけです。生産者なんです。動物は消費者ですけれども、植物は生産者ですから、光と水と空気によって、光合成できるわけです。光合成して、自分の体をつくることができるし栄養素もつくることができます。

　でも、じゃあ放ったらかしにしておいて、水と光と空気さえあれば、どんどん植物が勝手に生えてくるかというと、生えてきません。なぜですか。何がないからですか。ミネラルです。

　君たちの血液の中に赤血球があるでしょう。赤血球の中に何が入っていますか。鉄が入っているでしょう。鉄がなければ赤血球は生まれないでしょう。鉄分がなければ血液は生まれませんから、したがって鉄分なしで人間は生きていけません。それがミネラルです。ごく微量でいいんです。ごく微量でもそれがあれば、光合成によって植物はどんどん自分の体をつくっていきます。そのもとの、わずかな微量なミネラルを魚が補給するわけです。そのことによって森が復活するということが理解できますね、こういうことが分かっていれば。

第2講　すべての人々のための理科教育の社会的意味

　あるいは中学生の例として、これは日本の指導要領ですけれど、「中性の原子が電子1個を失うと何になりますか」
　これは実施国の中で真ん中ぐらいの位置で、順位はそんなに高くないですが、でも学習指導要領で当時、イオンは教えてはならないといっていた時代に真ん中の位置にいるということは、学習指導要領になくても教える先生がいたということですね。あるいは子どもたちが勉強していたんでしょうね。原子が電子1個を失うとイオンになるということは、学習指導要領では教えてはならないことになっているので、本当に学習指導要領どおりなら全滅だったはずです。
　そこで日本の学習指導要領は、決めたことを上回って教えてもいいというふうに方針を大転換しました。これを教えてはならないというと、出来なかったことに文部科学省は責任を負わなければならないですから。
　こういう自然観に対する概念は、やっぱり小学校から一貫して工夫しながら教えていく。それは難しいですから、どうしたら楽しく分かりやすくなるかをいろいろな例でもって教えるわけですね。そういう研究が必要で、そのために小中高一貫のカリキュラム、システムがいるわけです。これは研究的実践ですから、フィードバックが必要ですから、元へ戻る、ローカルへ戻る。ローカルアライアンスなんていいますけれど、ローカルでの、例えば名古屋なら名古屋での、天白区ならその区の小学校、中学校、高校、大学の先生が協力しあって、カリキュラムセンターをつくって研究する。実際の授業はどうか、小学校へ大学の先生が行ったり、高校の先生が行ったり、逆に小学校の先生が高校の先生とお互いに生徒さんの話をして相談、勉強しあいながらやっていくというのが、全世界的にいま進んでいることです。ですから日本も次第にそういう方向に行かざるを得ないだろうと思います。そのための転換は、ほとんど革命的転換に近いですけれども、全世界がいま少しずつその方向に舵を切ろうとしていますね。いま政治も少し舵を切ろうとしていますけれども、これはもう今までとは丸っきり

違う、大きな根本的な転換ですから、少しずつ、少しずつ舵を切っていくと思います。

バイビーさんのいうもう一つの大切な教育。これは何かというと、方法的理解。判断力ですね。科学的判断力を鍛える。つまり、未知を予測できる判断力。そのために科学する訓練の訓練が必要なのです。

概念を理解した上で方法論が身についているということが、全ての人に必要だ。これは明らかに、相当な理科教育のレベルアップです。全部の子どもたちに、"Science for All" で、概念的方法的理解までもっていくということは大変なことなのです。それをやろうとしています。それが21世紀の夢で、それをユネスコが全面的にバックアップして、お金も出して、全世界で研究しているというのが、いまの方向です。かつては概念的方法的理解は専門家のための教育の目標で、すべての人々のための目標ではありませんでした。それを思い切ってリテラシーとしてすべての人々のための目標にレベルアップしたのです。その理由が大切です。一般市民が専門家をチェックしコントロールしなければならない時代になってきたからです。

では方法的理解というのはどういうことなのだろうか。中学校で見てみましょう。

「花子さんは、赤熱している木炭から出る気体を集めました。そして、その気体を少量の無色の石灰水の中に通しました。花子さんはレポートの中で『この気体を容器の中に注ぎ込んだら、石灰水はゆっくりと乳白色に変化した』と書きました。この記述は、次のどれにあたりますか」

　1．観察　2．結論　3．一般化　4．推論　5．仮説

どれに当たるのでしょう。「え？」と思ってしまいませんか。知識をパッと僕らは思ってしまうわけです。「あ、これは二酸化炭素と答えればいいや」と。でも、「この気体を容器の中に注ぎ込んだら、石

第2講　すべての人々のための理科教育の社会的意味

灰水はゆっくりと乳白色に変化した」とレポートの中に書いた、この部分は、これは「観察」について書いたのか、「結論」を書いたのか。何なんでしょう。これは科学する上ですごく重要なんですよ。

新聞で、「誰々の社長が何かをいいました」、それは「事実」をいっているんですか。「仮説」なんですか。「推測」をいっているんですか。それは事実を「一般化」していませんか。それは「結論」なんですか。それとも単なる「観察事実」なんですか。すごい重要なことでしょう。

物事を判断するときに、その命題は、推測なのか、事実なのか、仮説なのか、すごく重要でしょう。科学的判断。「それをいつでも頭に置いて考えていますか」ということを聞いているんです。これを普段から気にして考えなければならない。これまでの教育でいいのかということを、実はこれは問いかけているんです。

もう1つの方法的理解。これはPISAの問題です。

「11世紀という昔から、中国のお医者さんたちは免疫システムを操作することを知っていました。天然痘の患者から採取したカサブタを粉砕して、粉を患者の鼻に吹き込むことによって病気の軽い症状を防ぐことが可能になり、これによってそれ以降、重い症状を防ぐことができました。1700年代になると、人々は乾燥したカサブタを皮膚に塗りつけて病気から自分を守りました。こういう原始的な習慣が、イギリスやアメリカの植民地にもたらされて、1772年に天然痘が大流行したときに、ボストンのお医者さんのザブディエル・ボイルストンという人は、自分が考えたアイデアを実験しました。そして自分の6歳になる息子と285人の人々の皮膚に傷を付ける。その傷に天然痘のカサブタから採取した膿をこすり付けた。患者は、6人を除いて全員が生き延びました」。

さあ、この文章を見て、みんなどう思いますか。「ああ、すごいなあ」と思うでしょう。ところが、そういう判断でいいですか。ボイルスト

ンのアプローチが本当に免疫システムとして成功したかどうか、本当にこのデータからだけで、免疫システムが、こすりつけることによって病気を防ぐことができたということが立証できていますかと、聞いているのです。できていないとすると、どんなデータが足らないのですか。

　例えば、ボイルストンの処置をしなかった人たちも同じ生存率だったとします。これは対照実験ですね。君たちでも、実際実験をやるでしょう。その処置をしなかった人たちと同じ生存率だったなら、関係ないということになってしまいます。

　それから、彼の患者が、その処置とは別に、天然痘にかかったかどうか。たまたまそこに天然痘がこなかったかもしれないじゃないですか。天然痘がきたかどうか、どうやって明らかになるんですか。

　そういう証拠とあわせて主張されて、初めて立証できるんです。何が本当かを立証できるために、どういう条件が必要かを勉強する方法を、日本の学校教育ではほとんどやっていない。

　つまり、本当に騙されないで、ちゃんと科学的に判断するための英知を科学として学ぶ、勉強する、これを "Think about science" といいます。科学について学ぶ、科学の方法について学ぶ。それがなぜかと聞かれて分からないのは、そのような質問がテストに出ないからです。先ほどの、「仮説ですか、推測ですか」なんて、日本のテストには出ないですから。でも国際テストは、堂々と出すようになったのです。おそらく日本もそのうち真似して出してきます。真似するのは構わないです。いいことは真似すればいい。ただ、そういうことがなぜ重要なのか考えて、そういう新しい教育が必要ですね。これが科学的判断をすることができる力です。

　ですから、こういうことに留意しながら新しいカリキュラムをつくっていかなければいけない。つくっていくことによって推測できる力がつくし、科学的に正しいかどうか、何が本当かを判断する判断力が必要になったときにさまざまな勉強、知識、いまいった推測とか、い

ろいろな区別とか、対照実験とか、データ解析の仕方とか、そういうことが必要になる。

シビリアン・コントロールのための理科教育

では最後に、つまり何のためにこのような概念的方法理解の教育が、すべての生徒に必要なのか、ということをお話して、今日の話を終わります。

ドイツの社会学者でウルリッヒ・ベックという人がいます。ドイツのミュンヘン大学にいて米国のハーバードや英国のロンドン大学でも教えています。彼は欧州の教科書にしばしば登場するオピニオンリーダーのひとりですが、かれは現在、近代は第二の段階に入っているといっています。つまり保険が効かないリスク社会に入っているという。

本来、市場経済は、挑戦と失敗を繰り返しながら成長します。これが発展の原動力ですね。倒産しても株式会社は、投資した株や資産分を補えば、無限責任を負わなくとも、次の挑戦にむかえます。またその損害は、保険をかけておけば、大きな被害にならなくて済む仕組み、保険制度を整えて市場は発展してきました。

しかし例えば、チェルノブイリや、福島原子力発電所などの過酷事故がおこったとき、家を離れて避難した人の生活や労働補償を、保険で保障することは事実上不可能です。30万人の人に、一人一人に完全補償すると、どれだけかかるでしょう。おそらく100兆円をはるかに超えます。これは一企業の保障の限度を超えるでしょう。また国家の補償限度も超えています。万が一の保証ができない技術を、人間は扱っていいか。それが問われている時代に入っています。

しかしこのビック・サイエンス、テクノロジーの行方、その未来が危うくなっているとき、それに関わっている人たち、専門家が、判断して方向をきめることは、事実上難しいでしよう。これは高度の専門家集団である軍隊が、自分の軍備を縮小したり組織を削減したりす

ることが難しいのと同じです。

　これらの難しい判断は、歴史の教訓から、軍隊のトップを制服組にせず、軍人でない、軍事に素人の文民を充てることを、民主国家では慣例としています。これをシビリアン・コントロールといいます。判断を間違えると、人に死を命ずることができる組織のトップは、また大変な被害が想定されるプロジェクトの方針は、組織の利害がからむ専門家ではなく、素人が判断する。総合的な叡智で、判断するのです。専門家でない素人が何をいうか、ではなく専門家でないからこそ利害を離れた立場でものが判断できるのです。

　21世紀、オゾンホールの拡大の原因がフロンガスであることが、明確に科学的に立証されていないとき、専門家以外の人々が疑問を呈しました。それが立証される時を待っていては手遅れになる可能性が高い。どうなのだろう。そのとき総合的叡知によって、非専門家の考えを尊重し、いわゆる予防原則により、フロンガス撤廃条約をむすび、専門家をコントロールしました。また日本の福島原発事故を見て、イタリアやドイツで原子力発電の是非を決める国民投票が行われ、専門

第2講　すべての人々のための理科教育の社会的意味

家ではなく一般市民の意志によってその国の基本方針を変えることもおきています。

　これと同じことが、現代の科学技術のさまざまな分野で、起りかけています。当たり前の市民が叡智による総合判断で、物事を防止する社会ができるかどうかに、21世紀の未来がかかっています。一般市民が専門家に情報公開と説明責任を求め、現代の科学技術に関わる諸問題を考え判断し、コントロールする力を持てるかどうか。その教育がしっかり行えるかどうかが、21世紀の新しい社会ができるかどうかに関わります。

第1章 何のための理科教育か

第3講　ヒトが人になるうえでの
　　　　理科教育の役割

自己中心性からの離脱

　今日、第3回目のテーマは、「ヒトが人になるうえでの理科教育の役割」です。

　理科教育の目的は2つあります。その1は、すでにお話してありますが、21世紀における人間と自然とのあり方の転換を理解するために必要不可欠なことでした。そのためにはすべての人々が専門家をコントロールするためにどんな力を持たなければならないかです。

　今日は、「ヒトが人になるうえでの自然科学教育の役割」です。人間的に豊かな人間であるためには、なぜ理科教育が必要なのか。その

第3講　ヒトが人になるうえでの理科教育の役割

お話をします。これは、子どもでいうならば、自然のなかで仲間と触れ合って遊ぶことによって、子どもは人間らしい子どもになる、ということです。人間だけの中で育つのではなく、自然と触れ合って、仲間の子どもたちとともに育って初めて、人間らしい子どもや、生徒や、人間になれるということでもあります。

　この意味を考えてもらうために、ある授業の話をします。これは生活科の授業が導入されたとき良く議論された授業例です。

　１年生では、生き物と友達になることが必要だろうと考えた先生は、こういう生活科の授業をしたのです。「コオロギさんと友だちになろう」という授業です。コオロギに手で触ったことがない子が都会にはいっぱいいる。だからコオロギに触らせてあげよう。そこで子ども一人一人にコオロギを１匹ずつ与えて、コオロギを触りながら、友だちになる授業を考えたのです。

　しかし、その「仲よくなりましょう」という授業の展開例として、コオロギをブランコに乗せて遊ぶ。さらに「コオロギの家をつくり」画用紙で、普通の人間たちのような、きれいなかわいい家をつくって、それで遊ぶ、というものです。

　そして、コオロギと一緒に、そういうブランコやおうちで遊ばせて、最後にコオロギを原っぱに帰してやる。そういう授業案で、コオロギと仲よくなるのではないか。そう考えてつくられた授業なのですね。

　ところが、これは本当にコオロギと仲よくなる授業なのだろうか。根本的にどこかが違っているのではないでしょうか。この先生は、そのことに気づいていなかったのですが、どこがおかしいのか、そこでちょっと、隣の人と意見交換してください。このコオロギさんと仲よくなる授業のどこがおかしいんでしょう。

　これが、仲よくする授業ではなくて、逆にコオロギにとって、すごく残酷な授業だということに気づきましたか？　ちょうど、アフリカから連れてこられた人たちにたいして、当時の発展国の人たちがしたことと同じようなことをやっていることに気づきましたか。

第1章 何のための理科教育か

　コオロギさんたちは、突然野原から連れてこられて、自分の暮らしとはまったく違う家やブランコに乗せられて、つつき回されて、たぶん傷だらけになっていると思いますけれども、そして、「楽しかったね。さよなら」といわれて、よたよたになって原っぱに帰る。こういう状態が、コオロギさんと仲よくすることでしょうか。

　コオロギさんと仲よくするには、どういう授業をしたらいいのでしょう。コオロギさんのおうちは、どういうおうちですか。人間のおうちがコオロギさんのおうちではないでしょう。コオロギさんのおうちというのは原っぱでしょう。原っぱに行って、コオロギさんの暮らしの中で、コオロギさんを見つめてあげないといけませんね。強制的に自分の暮らしと同じ暮らしをさせて、はたしてコオロギさんと仲よくなれるかどうか。仲よくなるということは、自分の暮らしをさせることが仲よくすることですか。仲よくするということは、相手の立場が分かることです。つまり、コオロギさんの暮らしが理解できる。理解したうえで、そして自分とは違う世界がある、そういう暮らしがあるのだということを知ったうえで、ではお互いにどうしたらいいかと考えて、初めて仲よくなれるわけです。一方的に自分の世界の中に呼びつけて、はたして仲よくなるかどうか。

　ところが、そのことに気づかない。自分の世界の中に引き込んで、自分が楽しければ相手も楽しいだろうと思ってしまうのは、子どもの心理的な特徴なんですね。だから、この先生も子どもと変わらないわけです。

　この子どもの心理的な特徴を「自己中心性」といいます。自分自身の立場でだけしか見られない。自分とは異なった立場からものを見ることができないというのを自己中心性といって、ある特定の立場からしか見られないのです。異なった立場に立てないのですね。コオロギさんという、自分とは違った自然の存在が、なかなか理解できないのです。

　だから、どこがおかしいのか。つまり、この授業は、コオロギさん

第3講　ヒトが人になるうえでの理科教育の役割

の暮らしを理解しようとしていないのです。コオロギさんの暮らしというのは、自分とは異なるのです。世の中には、自分とは違った世界がいっぱいあるのです。自分とは違った感覚を持ったり、考え方や、暮らしを持った世界が、世の中にはいっぱいある。自分がそうだと思ったり、あるいは自分が楽しかったりしたら、それは、ほかも楽しいだろうと思うのは子どもの世界なんです。それは離脱しないといけない。それをいつまでも持っていたら、いつまでも子どものままです。自分が楽しければみんなが楽しいだろうと思うのは子どもの世界で、楽しそうな振りをしても、実際には泣いているかもしれない。そんなことも分からなければ、大人になれないのです。豊かな人間にはなれないわけです。

　子どもや生徒が持っている、あるいは生まれて、まだまだ若いころに持っている自己中心性を離脱しないと駄目なんです、人間は。それを離脱しないと豊かな人間になれないのです。当然のことですけれども。

　つまり、豊かな人間になるためには、こういう特定の立場でしか見られないとか、自分が思っているものがすべてを支配するという考え方を持ってしまっている、そういうような幼児的な思考・発想法に頼っている限り、豊かな人間になれないわけですから、それを離脱することが、ヒトが人になるうえで、どうしても必要なことなのです。

　集団生活をすることによって、ヒトは人になっていきます。単独行動で生きていませんので。文化をつくり、歴史をつくり、例えば人間も動物であり、自然の中の存在として、生理的な、あるいは物理化学的なメカニズムによって人間の体は動いていますが、面白いことに、その物理化学的なメカニズムで動いている人間が、世界とはどういうふうにしてできているのだろうかなんていうことを考えるのは、とんでもなくすごいことですよね。

　では、どのようにして人間は自己中心性から離脱していくのか。離脱のメカニズムの大きな研究をした人が、心理学者に2人います。1

人はピアジェという人です。ピアジェは教育学の授業で習うかと思います。もう1人は、中学、高校では、こちらの人のほうが重要になると思いますが、ヴィゴツキーです。

この2人は、発達心理学の開拓者で、いまから30、40年前の昔は学習心理学といったりしましたけれども、いまは発達心理学とか認知心理学といういい方になりました。人の発達にどういうことが大切かということを研究した二大巨頭が、そのメカニズムを明らかにしました。ピアジェにしても、ヴィゴツキーにしても、自然科学教育の例でもって、これを多く解明しています。

つまり、人間は、もともと自然の中で生きていたわけですから、自然と人間のかかわりの中で発達するのは当然のことです。そして自然の言葉が理解できるのが理科ですから、自然の言葉を理解することを通じて、人間が自然の中で人間として、豊かに発達できるのは当たり前のことです。

概念形成の筋道

そこで、まず第一に、ピアジェが人間が自然との関わりのなかで、どう自分の認識を深めていったかを明らかにしましょう。

まず、赤ちゃんが生まれて、1歳ぐらいまでのあいだ、めちゃめちゃ喜ぶ遊びがあるのです。それはイナイイナイ、バーです。イナイイナイ、バーというと、きゃきゃきゃきゃっ、と喜ぶのです。どういうわけかは知らないけれども。またやって、またやってと喜びます。50回ぐらいやっても喜びます。そして、ある年齢になると途端に喜ばなくなります。喜ぶけれども、前のような喜び方とはぜんぜん違います。

なぜイナイイナイ、バーを喜ぶか。子どもというのは、イナイイナイと見えないと、ものがなくなってしまうと思うのですね。見えないと、それが存在しないような気がするのです。ところが、パッと手をどけると、そのお父さんなりお母さんなり、おじさんなりの顔が見え

第3講　ヒトが人になるうえでの理科教育の役割

るから、「あっ、やっぱりいたんだ」と安心して喜ぶ。また顔を閉ざすと、またいなくなったと思って、すごく不安に感ずるわけです。また、パッと開けると出てくる。

そのうちにだんだん、「これ本当は、いなくなっていないのではないか」という予想を持つように、賢くなるんです。「きっといるに違いない」と不安ながら予想して、にらんでいるわけです。そうするとパッと出てきて、「ああ、やっぱりいたんだ」と。自分は賢くなったと思うわけです。それがうれしいんですね。

これは何かというと、見えないものだって、あるということが分かってきたということです。赤ちゃんが一番最初にわかることは、「見えないものだってある」ことに気づくことです。自分以外の客観的な存在は、自分にとって見えなくても、あるのだ。あるということが恒久的である。お母さんが突然見えなくなったから、お母さんが買い物に行ったからって、永遠に消えて帰ってこないわけではないよ。また帰ってくるよ、きっと。このことに気づくわけです。

世の中には3種類のものがあります。自分というものが、まずあります。自己というもの。次に、それを取り巻く自然というものがあります。そして、自分に非常によく似た存在としての、ほかの者、他人がいる。他人というのもおかしいですけれども、お父さん、お母さんや友だちなどの「人」なんです。つまり、「自分」と「自然」と「他人」です。基本的には、この3つで世の中はできています。

最初、赤ちゃんは、この辺が、もやもやしています。しかし、自分はきょろきょろ見回します。きょろきょろ見ながら、ほかの人であろ

第1章　何のための理科教育か

うと、自然であろうと、目に見えなくてもあるのだということに、まず気づきます。自分以外の客観的な存在であるものが恒久的であるということに気づきます。

　それからしばらくたつと、「ドコ？」あるいは「ナニ？」という質問が出てきます。これは科学的な認識の発達プロセスです。自然を客観的に、知的に認識していく疑問のもちかたの筋道です。客観的なものごとを子どもが認識する筋道。それは自然科学の、法則や概念を認識する基本的筋道です。それを、子どもはちゃんと歩んでいるのです。

　お父さんどこ？　お母さんどこ？『とこちゃんはどこ』とか『ウォーリーをさがせ！』という絵本がありますね。あれは楽しくうれしいのです。

　イナイイナイ、バーは、すぐに見えるから単純なんですけれども。「お母さんがいないよ」と探して、イナイイナイと不安になりますよね。でも、3時間たったら帰ってきて、喜ぶでしょう。「どこへ行ったの？」と。だから、「いなくなっても、ある」と思っていますけれども、でも、いなくなっているから不安なんです。

　そうすると、「いなくなっているものは、どこにあるか」ということになるわけです。それが「ドコ？」という発想なのですね。これは、見えなくなってもあるのだから、当然見えなくてもあるものは、「どこにあるの？　どこにいるの？」ということになるのです。「市場に行ったんだよ」とか「スーパーに行ったんだよ」とか「台所にいるんだよ」という話になるのです。これは、やっぱり、イナイイナイ、バーの延長です。「どこ」というのは。

　最初の興味は、自分に話しかけたり、自分に保護を与えている人たちに集中していますが、だんだんいろいろなものに興味を持って、いろいろなものを触ったりしているうちに、自然の、外のものの存在を認識していくようになります。

　そうすると、次に、何が始まるかというと、「ナニ？」ということ。「これなに？」といって指をさす。「ナニ？」というのは、要するに名

第3講　ヒトが人になるうえでの理科教育の役割

前を知りたがるのです。

　名前というのはラベルですから、つまり「概念」ですね。消しゴムや鉛筆、あるいは食器やスプーンなど、そのものの名前を知りたがる。

　まだしゃべれないのですけれども、よちよちの片言の言葉で、一語文、二語文、小さな文章ですけれども、名前を知りたがる。これが「概念」ということですね。名前は概念のラベルです。概念のラベルとして名前がある。だから、スプーンという概念を、スプーンという名前でもってとらえるわけです。

　ところが、このころは概念の定義を理解するわけではないですから、こういうものは自分勝手に考える。例えばスイカを食べて、みんなムシャムシャ食べるのだけれど、種は出す。「これは何？」というから、「タネ」といって教えます。今度はお魚を食べているときに骨を出す。ところがこれを「タネ」といったりする。スイカを食べてタネを吐き出すように、魚を食べて吐き出すから、それも「タネ」というわけです。

　そうすると、子どもの頭の中の概念形成は、おそらく「食べて要らないものをタネというのかしら」と思っているのですね。お父さんやお母さんに、タネと教えられたから、スイカのタネも魚の骨も、「要らないものはタネ」というんだと。こっちはタネで、こっちは骨だという区別が分からない。

　こういうふうに、子どもは自分で概念形成をする。我流で経験的に概念形成していく。名前は一応、周りの人に教えてもらいますが、それが何なのかについて感じているイメージや概念は、そうとう我流なのです。先ほどのタネと骨みたいなものです。

　それは当たり前ですね。言葉があまりよく分からないのだから、自分の経験で概念を形成していく。自分の経験の認識で、自然の言葉を人間の言葉に翻訳していく。すごいことですね。しかしこれは科学ですね。子供の生活からの科学。

　しかし、周りに大人はいなければいけないですよ。言葉を教えてもらわないと人間になれませんから。まったく周りの大人が言葉を教え

ずに、テレビだけを見させてほったらかしにしておいたら、応答がありません。それで子どもは賢くなれるでしょうか。一見、賢く振る舞っても、本当に賢い子にはなれません。ちゃんと応答しながら、子どもの概念形成に付き合ってあげなければいけない。

　ということは、いい換えれば、タネを骨といってしまって間違える経験を経ないといけないわけです。そうしないと、子どもの認識が豊かになっていかないのですね。つまり、科学的な正しい認識を知的に形成していくような子には、間違いを暖かく許容して育む文化がいります。間違いって、たのしいですからね。それはわかる楽しさでもあります。

質問がえしと認識の発展

　この「ナニ、ナニ？」に答えると、その次に現れるのが、「ドウシテ？」になります。ここから、だんだん科学的な認識に近づいていきます。「どうして、何とかなのでしょう」とか。

　子どもは、基本的に、自主的に概念形成をします。種と骨みたいに。でも、たいてい間違って覚えます。勝手に思い込むわけです。ところが、どうも違うということを、しょっちゅう起こすわけです。

　例えば「どうしてお皿は丸いのでしょう」とか「どうして消防車は赤いのでしょう」とか。「そんなこと知るか！」といって、怒ってはいけません。そうしたら子どもは豊かになれません。怒っては駄目です。寛容でなければ。

　「どうして、お皿は丸いのでしょう」というような質問は、では何を考えているのか。どうして、というのは、何を考えているかを親や先生は、まず知らないといけません。どういう答えを要求しているのか、これは小学生から高校生までそうですけれども、生徒が質問したら、どうしてそういう質問をしたのか、その背景なり、期待している答えのスタイル、何を疑問に思っているかを探らなければいけない。それを無視して突然、自分が思っている説明をドッと、延々としても、

第3講　ヒトが人になるうえでの理科教育の役割

高校生ぐらいだったら、半わかりでも「分かりました」と帰ってしまうだろうし、小学生だと、ボーッとするだけです。

つまり、これは先ほどのコオロギさんの話とあまり変わらないのです。子どもも自分の理解と同じだと思っていたら、それはコオロギさんの話と同じ次元の世界です。先生が、まだ未成熟ですね。相手の立場に立って、子どもなり生徒がいったい何を疑問に思っているのかを理解できていない。

「どうして、お皿は丸いのでしょう」というのは何を考えているかというと、まず先生はわからないのが普通ですから「どうして丸いと思ったの？」とか「じゃあ、何々ちゃんは、どうしてお皿は丸いと思うの？」とか、その考え方を聞かなければいけない。「ドウシテ？」という質問で、まず一番重要なことは、質問がえしをすることです。

質問がえしというのは、その質問をしたら、「どうしてそう思うの？」そして、その子どもと一緒に考えてみる。子どもの答えは得体の知れない答えが入っている場合が多いですから、したがって何度も何度も往復しながら一緒に考える。これが基本姿勢として、まずいります。

一緒に考えているうちに、「こういうことに気づき始めたのか」ということが分かるわけです。質問をするということは気づきのスタートですから。この気づきのことを感性的認識といいます。だから先生や親も、感性豊かに子供の疑問のありかに気づかなければいけません。

論理的にとらえる認識をする前に、現実から、われわれは感性でもって何かを、まずとらえるのですね。先ほどいったように、豊かな人間というのは、情的にも知的に豊かであります。情的に豊かなことは感性的認識ですから、感性的認識というのは、「あれ？　自分のいままでのとらえ方と違う」ということに気づくということです。

「お皿は、なぜ丸いのでしょう」。たぶん四角いお皿を見つけたのです。サンマを食べるときに、僕は昨日サンマを食べましたけれども、焼き魚を四角いお皿で、女房が出してくれました。普通、パンを食べ

るときも丸いお皿なんですけれども、サンマを食べるとき、お魚を食べるときは四角いお皿を出してくれる。

　子どもはいままで、お皿というのはみんな丸いと思っているわけです。丸いのが全部、お皿だと思っています。四角いお皿を置いた途端に「お皿」といわれたものだから、戸惑いが生じるわけです。つまり、「お皿」というものと「丸さ」というのは、深くつながっていた。子どものなかの概念として。

　ところが、四角いお皿があると気づいたのですね。「すごいね。いいことに気づいたね」と褒めてあげなければいけません。「すごいことに気づいたね、四角いお皿があるんだね」と。そうすると「お皿とは何か」となるのです。「丸や四角はたいした問題ではないな。お皿にとって何が一番大切なのだろうか」と考え始めます。そういうふうに、子どもはどんどん概念の本質を考えるようになっていくわけです。

　そのときに、どう接するかがすごく重要であることが分かるでしょう。子どもに接するときの接し方が。「そんなの、分かるわけないじゃない」といって怒ったり、たたいたりしたら、もうその子は考えることはなくなって、だんだん乏しい子になってしまう。豊かさがだんだん減ってきてしまうのですね。

　一緒に考えてやりながら、「なぜお皿は丸いと思ったの？」といったときに、四角いお皿があるということがだんだん分かるわけです。「ああ、そうだね。すごいことを見つけたね」といって、「じゃあ、三角のお皿もあるかな」とか。

　「消防車は、なぜ赤いのでしょう」と。「そんなこと、知るか」といわずに、「どうしてなんだろうね。お父さん、お母さんも、前から不思議だったんだ」とかいってあげる。「赤い車って消防車しかないのだろうか」とか「いろいろな自動車があって、いろいろな色があって、白い色も、赤い色もあるね」「消防車って何だろうね」と、今度は消防車の概念形成になる。

　これが、「ドウシテ？」の最初のスタートですね。「ドウシテ？」

第3講　ヒトが人になるうえでの理科教育の役割

という質問には3段階ぐらいありまして、最初は初歩的に、気づきのスタートとしてのドウシテ？　ですね。その次にくるのが、認識の発達のレベルからいうと、もう少し深まった「どうして」です。

「どうしてお空は青いのでしょう」、という子は賢くなったのでは、と周りの親や先生も思いますね。こまっしゃくれた子もいるかもしれないけれども。

そのとき「光があって、散乱して」とバーッと訳の分からん大人の説明をしてしまうと、子どもはボーっとして、分かったような分からないような顔をして、それで終わりです。それは、質問に対するちゃんとした答えにはなっていないわけですね。子どもにとっての答えになっていない。これでは子どもは成長しません。

子どもは、なぜ「どうしてお空は青いのでしょう」ということを考えるのかを考える。つまり、「なぜお空は青いのでしょう」ということは、何に気づいたのですか。「青くないお空がある」ことに気づいたから聞いているわけです。

「なぜお空は青いのでしょう」と子どもが思うのは、「お空って、普通は青いけれど、青くないお空もあるじゃないか」と、たぶん気づいている。だって夕焼けの空は赤いではないですか。曇りのときは白いかもしれないではないですか。「お空は青いものだ」と思っているわけではないのです。子どもがそれに気づいていることに、親は気づかないといけない。

そうすると、どういうときに青いか、どういうときに赤いかということになって初めて、科学的な認識になっていくでしょう。先生が説

明する、空気の層を通って光が散乱されているとき、そのぐあいによって空が青くなる。科学的な説明でいうとそうです。青い色は波長が短くて散乱されやすくて、赤い光は波長が長くて散乱されにくいから、長い空気の層を通ってくると赤の部分は見えて、青い色は散乱されている。横から見れば青く見えるけれども、透過してくるのは赤く見えるとか、そんな説明を突然されても、たぶん分からないと思います。

「なぜお空は青いのでしょう」というのは、「青くない空だってあるかもしれないね」というふうに、横に広げなければいけない。つまり、いきなり縦の論理的な説明をしても分からないのです、そんなものは。その論理的な説明というのは、抽象的、一般的な法則ですから、広い領域を覆っているわけです。広い領域を覆うということは、いろいろな例があるわけです。いろいろな例を全部同じように説明できるから、一般的な原理の説明になるのですね。

ところが、いろいろな例を知らないで、いきなり抽象的な説明をされても分からないのです。赤い空もあれば、青い空もあり、黄色い空もあり、グリーンフラッシュというグリーンの空だってあるのです。そういうさまざまな、不思議な例がいっぱいある。

南極へ行くと、太陽が昇る瞬間、ある数十秒だけパーッと空が緑色になる。グリーンフラッシュというのですけれども、「えー、本当？」「じゃあ、そのビデオを見てみよう」とか、そういう不思議な体験をするうちに、「なんで緑になったり、青くなったり、赤くなったりするのだろうか」というふうに横に広げて勉強すると、もっとその上へ行こうと思うのです。

横へ広げずに、いきなり上の説明をしても、本当の意味での豊かな認識にならないのです。その子は教えられたこまっしゃくれた説明はできますけれども、それが違うといわれて別の説明をされると、また違った説明をするようになる。聞いたことをいっているだけですから、変わらない。言葉でだけ知っている、頭でっかちの子になるだけの話で、本当に豊かに自分自身でものを考えて、自然と対話できる子にな

第3講　ヒトが人になるうえでの理科教育の役割

るわけではないです。

　だから横に広げて、そして年齢や子どもたちの状況によりますけれども、何も無理に深い答えをいわなくてもいいのですね。たぶん、適切な答えを聞くと子どもたちは面白くなって、いろいろな色を探し始めます。散乱がどうのこうのというより、「赤い空を見つけよう」とか「紫の空を見つけよう」というほうが面白いはずです。

　そういう勉強をして、豊かに底辺を広げてやると、それから豊かな生徒が出てきます。ある年齢になったら、なんでそうなのかということを、ものすごく強く思うようになる。知的好奇心が出てくる。そして、学校の授業で勉強したら、めちゃめちゃ感動して、その原理を理解します。

　だから先生や親は、例えば、「どうして、お風呂に入ると指が短くなるのでしょう」と子供がいう。子どもは、水面の目線と指の目線とが近いのですね。大人よりも、めちゃめちゃ指が短く感じられる。子どもは不思議だと思います。もし、君らがお父さん、お母さんだったら、あるいは先生たちだったら、まず一緒に味わってやるのですね。水の中に入って、「ああ、すごい。短くなるね」とか。

　まず、このことに気づくと同時に、もう一つ、つまりここでは、すでに比較を行っているのです。水の中と水の外。水面を見る角度での違いを比べていますから。科学的認識が起こるためには、異なったものを比べないといけないのですね。

　そうすると、横に広げて比べる。あるいは「どうして指が短くなるのでしょう」といったら、「短くならない場合だってあるじゃないか」とか。「下へやった場合は」とか、どうした場合はとか。そうすると、「ああ、そうか。こうやって見るときには短くなるけれど、こうやって見るときは短くならない」とか、こういうのはかなり論理的に、小学校に入る前でも分かります。

　不思議なことに、発達段階というのは年齢によって必ずしも決まっていません。それが最近わかってきました。領域によりますから、体

験が豊かだったら論理的な思考も、かなり低年齢でできます。ピアジェ理論は最近、修正されていまして、領域によって、豊かに経験がある領域ならば、非常にロジカルな、基本的な抽象的認識も、ある面では発達します。考えられるようになります。

　それが分かったときに、後で光の屈折の法則を読んで、「ああ、そうか」と分かるようになります。いきなり屈折の法則だけいわれても何のことか分からない。こういうふうにして比べながら、3番目の「ドウシテ？」、になります。これは因果関係です。原因と条件です。いまは、「どうして空は青いのでしょう」「どうして指が短くなるのでしょう」という基礎です。

　これを豊かに横に広げられていれば、その中から「場合」と「色の違い」、どういう場合に赤い空になるか、どういう場合に緑の空なのか、青い空なのか。場合と空の色。それから、見る位置と、目と指と水との関係が、どういう場合に指が短くなって、どういう場合に長くなるのだろう。その条件との違いが豊かに、経験的にとらえられるようになると、この「ドウシテ？」から次の段階に行きます。

　「ドウシテ？」の次が、光の経路の問題へ行ったり、空気層を通り抜ける場合はとか、散乱の場合とか、つまりその次の、レベルとして上の段階、抽象的上の段階に進むことができます。つまり原因の認識。どうしてそうなのでしょうということは、「ナゼ」から原因をさぐる。つまり変化の条件の中で、それを引き起こす主要なものは何なのかを、追究したくなってくるわけです。それが考えられるようになるのです。

　つまり、指が短くなるか、ならないかを決めている重要な条件は何かということを考え始める。「ドウシテ？」、つまり、見る位置と、これとの角度が重要だと。ほかはたいしたことではない。これを決めている最も重要な条件はこれなのだということを考え始めると、もう科学。この辺になると抽象的認識に入りかけています。

　そして、この辺の条件を考え始めるようになると、何が問題になっ

第3講　ヒトが人になるうえでの理科教育の役割

てくるかというと、重要な子どもの知的発達として、たくさんの条件の中から、それを選り分けて、こちらは重要でなくて、こちらが重要だということを考えるようになるわけですから、物事を多角的に見たり、概念を具体的なものと抽象的なものに区別して、タテの重層的な認識でとらえることができるようになります。

サンタクロース事件

　こういうふうにしながら次第に、小学校高学年から中学、高校にだんだん上がっていきます。その小学校高学年から中学、高校になっていくと認識の転換点となるポイントが2つあります。1つは、最初に、サンタクロース事件というのをたぶん経験するのです。ぜんぜんそういう文化がないと別ですけれども、サンタクロースはいるか、いないかとか、あれはお父さんか、いや違うかという議論を、ほとんどの子どもたちは2年生か3年生ぐらいにクラスでします。めちゃめちゃ本気で議論するのです。君たちはそういう経験はありませんか。サンタクロース事件。

　これはまさに、科学的認識が、具体的な認識から抽象的認識に向かって転換しようとしている時なのです。

　つまり、考えれば変なんです。空を飛ぶとか、願いをどういうわけか知っていて、それを知らないうちに持ってくるおじいさんがいる。考えれば変なことなのです。変だなとは思うけれども、まあそういうものはいるのかなと思っているわけです。神様ですから。奇跡ですよね。空を飛べるのかとか、なんで落ち

77

ないのかとか、そういうのは思わない。ところが、物は落ちるはずだとか、いろいろ思うと、これは変だなと思うわけです。このギャップをどう考えるか。

いろいろ議論が交わされて、どうなるかというと、たいていの子は、実験を始めます。僕もそういう経験がありますけれども、たまたま押し入れを見たら、自分が頼んだものが包み紙に入れてあった。これはひょっとしたらと思うけれども、黙っていて、目を細めて、枕元に来るのを待っているうちに、寝てしまう。翌朝おきると、まくらもとにあったというような経験が私にもありました。

ここで重要なことは、そうやって、ある年齢になると、やっぱりお父さんだ、お母さんだということが分かるようになります。たいていの子どもは。そのとき、世界中の9割9分までの子どもは「やっぱりサンタクロースはお父さん、お母さんだったんでしょう」とお父さん、お母さんにはいわないのです。不思議だと思いません？　これはやっぱりすごいことですね。これははっきり、新しい認識が進んでいることを示しています。

つまり、いわば嘘っこの、真似ごとの世界ですよね。サンタクロースというのは。サンタクロースは、基本的に人の願いをかなえてあげる営みのことですから、それはお母さんがサンタクロースであって、いいわけです。お父さんがサンタクロースでいいわけです。サンタクロースがいなかったのではないのです。お父さん、お母さんがサンタクロースだったんだ。素晴らしいことなんだ、ということです。

それ以前は、お父さん、お母さんとサンタクロースという別の存在がいて、いるか、いないかという議論をしていた。その論争の過程を通じて、お父さん、お母さんがサンタクロースだっていいじゃないかというのが分かるのです。これは明らかに抽象的認識のスタートなのです。概念からいえば、抽象的に2つの同一性が分かるという、まさにこのサンタクロース事件は、抽象的認識の概念、抽象的認識ができるようになりはじめたのです。

三つ山問題

　そして次のステップに入ります。これはピアジェの有名な研究ですが、三つ山問題というのがあります（図）。山があって、Aから見ている姿がここに描かれています。それをBから見たらどうなるでしょう、Cから見たらどうなるでしょう、絵に描いてごらんなさいという質問に対して、子どもに絵を描かせるのです。そうすると、小学校低学年では描けないのです。

　小学校6年生はどの地点からの絵もほとんど描けます。ところが小学校2年生はどこから見た絵も30％以下しか正しく描けないのです。小学校4年生は50％ぐらいしか描けないのですね。やっと小学校6年生ぐらいになって、かなりの子が描けるようになるわけです。

　これは何を意味するかというと、Aから見た姿をBから、Cから、Dから見た姿に情報を分解して、再構成しなければいけないからです。同じ山をこちらから見たときに、この山はどう見えますかということが分かるかということです。

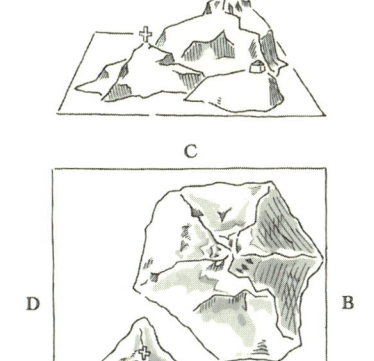

　つまり、最初にいった、自己中心性の離脱（脱中心化）ですね。自分以外の視点に立ってものごとを再構成する。しかし再構成されたも

のが変わるわけではないです。存在の恒常性で、ものは変わりませんけれども、見かけが変わるわけです。変わった見かけを描けないと、多様性の奥にある普遍的概念、法則が理解できるようにはなりません。だからこうやって、本格的な科学教育を、理科の先生が担当して、ちゃんとやるのは小学校高学年からか中学校からです。

　このことは、抽象的認識ではなくて多面的認識です。1つの視点だけでしかとらえられないのではなくて、多面的な認識ができるようにならないと科学教育はできませんから、1つの側面でしか見られないようでは、こまるのです。

　これが、どういうものと関係するかというと、物理理論でいいますと、因果関係を一つの側面だけからしかとらえられないなら物理理論の大切なことが分かってきません。

　たとえば「きはじ」というのがあります。距離（き）と速さ（は）と時間（じ）。速さが V で、距離が L で、時間が T なら L を T で割ったもの $(L/T=V)$ が V （速さ）なのですね。この3変数関係を理解するのが、ものすごく難しいです。

　これは、密度も同じです。質量を体積で割ります。密度が分からないと浮力が出てこない。浮力ができないと、地球の空気の対流が分からない。それから、運動の法則で $F=ma$、力と質量と加速度。これも3つの量です。この3つの量を同時に考えられないのです。

　これはピアジエが口を酸っぱくしていっていることです。例えば、円筒形の水差しに水を入れる。底面積が違う水差しに、その水を移すと、水面の高さが変わる。そうすると、子どもは水が減ったり、増えたりしたと思う。こっちに入れると、底面積が違っているだけなのに。水の量を、底面積と高さの積で考えられない。

　これが分からないと、科学が分からないのです。小学校の低学年は、これがぜんぜんできないのです。小学校高学年や、中学校に入るぐらいになると、やっと大多数ができるようになる。水の量は器を変えても変わらない、という保存量の認識（構造）ができてくると見かけに

第3講　ヒトが人になるうえでの理科教育の役割

とらわれなくなります。

　原因を考えようとしたら、たくさんの条件を整理しないといけない。たくさんの条件が、「ドウシテ？」という答えで、いろいろあるわけです。そのいろいろな条件の中で、ほかをコンスタントにして、これを変えたら、これだけ変化するというかたちにしないと、実験で原因が追究できないのです。これを条件統一といいます。こういう思考ができない。難しい。これは本質的には、ピアジェの水差しの問題、3つ山問題が難しいのと同じです。

　文部科学省の最近の学力テストで、ほとんど半分以下しかできない有名な問題があります。なんで、そんな問題ができないのだと、君らは思うかもしれないけれども。

　どんな問題かというと、コイルがあって、電池がある。ここに電磁石があって、電磁石の強さが同じものを選びなさいという問題です。そのとき、コイルの巻き数が変わっていたり、流す電池の数が変わっていたり、いろいろな組み合わせがいっぱいあるのです。

　そのときに、電池の個数は一定にしておいて、巻き数の変化を比較すればいい。ところが、巻き数の変化だけに着目して、電池が多くても強さは同じだと答えるのが半分以上いるのです。全国の小学校5年生の子で。これは何かというと、条件統一がぜんぜんできていない。つまり、たくさんの条件があったときに、2つの条件を同時に考えることができないのです。それが小学校では難しい。

　では、難しければ教えなくてもいいのかというと、そうはいかないのです。ちゃんと密度も教えたいし、圧力も教えたいじゃないですか。なんで圧力なんていう簡単な概念を中学校で教えようといっているかというと、2変数概念が小学校では難しいからです。しかし難しいけれども教えなければならない。でないと物理は全く分からないことになる。地球環境の大切なことがわかってこない。

　何がそれを克服させる筋道になるのか。ピアジェは先ほどもいい

ましたが「知識の構造」(みかけによらない自然の普遍的な変わらない仕組み) ができることが大切だといういい方をしました。やっぱり知識の構造ができないと、つまり知識がばらばらでは駄目なのだと。知識の構造ができてくると、いまいった多面的な思考もできるし、この2つの違いということも分かるといっているのです。円筒形の水さしの問題でいえば、水の量は入れ物を入れ替えても変わらないという保存量の認識です。

　先ほどの三つ山問題でいうと、こっちの山をBから見たら描けない、Cから見たら描けない。でも描ける子というのは、どっちから見ても、山がどういうふうにできているかが分かっているのです。頭の中に構造ができているからです。そうしたら、見かけによっていくらでも形を変えられるわけです。正しく描けるのです。いくら形を変えても、見方によらないでいくらでも描けるためには、その客観的な変わらない山と山との関係の構造が理解できていることが必要になります。

　保存性が分かる、構造がわかる、というのは一番最初の子どもの発達でいいますと、イナイイナイ、バーで、お母さんが見えなくなっても、お母さんはいるよと。見えなくなって、メガネをはずして見かけが変わっても、ちゃんとお母さんなんだ、というのがずっと発展して、抽象的レベルになると、こういう認識まで深まってくるわけです。見えなくても、自分が見えた姿によらない、客観的な構造ですね。

　自然科学でいうと、これは法則的認識ということなのです。あるいは、View of Nature といいますけれども、自然観ということになります。そういうのがきちんとできている子は、個々のばらばらな知識ではなくて、まとまった秩序を持った法則的認識のかたちで理解している。知識がきちんと整理されて理解している子は、構造ができていますから、見かけによらずに適切に予測ができ、抽象的認識ができるようになることを意味します。

　そうすると、ピアジェがいうような、異なった視野に立ってものが見られたり、多面的な、たくさんの条件がいっぱいあっても、それを

第3講　ヒトが人になるうえでの理科教育の役割

うまく区別して、これを止めて比較するとか、そして原因を追究していくことができるような、抽象的論理的思考ができるようになる。多面的なたくさんの条件がいっぱいあっても、パニックになって何がなんだか分からなくなるのではなくて、単純に2つの関係なら分かるけれども、3つになると分からなくなるというのではなくて、3つになっても4つになっても分かるようになる。

　社会的な問題は、条件がいろいろと複雑になってきますから、単純な思考だけで生きていけない。社会的にはだまされっぱなしになる危険があります。嘘をいわれても平気でだまされてしまう人間になってしまいます。自然より、もっと複雑なのが社会です。だから、どうしたら、そういう構造ができるのか。ピアジェは、そういう構造ができれば分かるということは分かっていたのです。でも、どうしたらそういう構造ができるのかということに関しては、ピアジェは必ずしもきちんと指摘していたわけではないのですね。それをちゃんと指摘した人がヴィゴツキーという人です。

発達の最近接領域と認識ののぼりおり
　これまではピアジェの考えを元に、子どもの発達段階のことを論じたのですが、こんにちの研究では、発達段階は決して年齢によって機械的ではなくて、もっと柔軟に変わるということが分かっています。教育によって変わるし、先生や周りの環境によって、文化によっても変わる。ヴィゴツキーは、先生のはたらきかけによって、どういうふうに変わるか、ということを研究した人です。
　ヴィゴツキーは、こんなことをいっています。例えばテストをします。1人が60点でした。もう一人は40点でした。どちらができる子でしょう。60点の子じゃないの？　そう思うのはあたりまえです。ただこれは教育の結果を測定したものです。できるかどうかは過去の結果だけで判断できるものなのか。このテストは多分、何も見ずに、話し合いもさせず測ったに違いありません。

しかし同じ問題を、相談をしあったり、いろんな本を見たり先生のアドバイスを受けたりしてやったとします。つぎのテストのその結果はどうなるでしょう。40点のほうの子が、よりよい点になるかもしれません。その子のほうが仲間との学びあいで、自立してより学ぶ力を豊かにもった子になるかもしれません。
　ヴィゴツキーは、学びあいや先生のアドバイスなどで、出来ない子ができるようになる領域があることを指摘しました。この領域が、発達の最近接領域です。生徒一人ではわからないし、出来ないが、仲間との学びあいや、先生のアドバイスがあれば、自分自身でわかるようになるし、できるようになる。この領域を先生が適切に設定して、授業を行うべきだと述べています。こういう授業をつうじて、生徒は自立して学ぶ習慣とすべを、豊かに身につけていきます。教育は学んだ結果ではなく、未来に向かって学べる力を育てるものでなければならないとヴィゴツキーはいっています。
　彼は、有名なピアジェの「発達段階論」とともに発達心理学の二大巨頭の一人です。そのなかで「発達の最近接領域理論」は先生にとってはすごく重要です。先生や親のはたらきかけが、子どもにどういうふうに影響してくるかということをいった理論ですから。
　発達が、ひとりでにそうなってしまうとか、年齢によってこうなる、というだけではない。それは可変的に変化していくというのです。それには、先生の教材の主体的な選び方、教え方によって、生徒の主体的な学びが育っていく。だから教材の選び方、生徒の学びあいの文化の形成が大切です。
　授業を構成するときのポイントで、重要なことは、まず言葉の使い方です。
　言葉の問題で、子どもは考えるときぶつぶついいます。内言といいます。この内言は、大きくいって2つの種類の言葉があるのです。それは、「話し言葉」「聞き言葉」のタイプ。それに対して、「書き言葉」と「読み言葉」のタイプです。この2つの言葉は、基本的には違うの

第3講　ヒトが人になるうえでの理科教育の役割

ですね。英語でもそうですけれども、英会話ができる人が、論文を書いたり、論文を読めるとは限らないのです。次元が違うのです。コミュニケーションとしての言語と、思考の手段としての言語との違いといっていいと思います。

　日常生活の中で、だんだん話し言葉、聞き言葉が発達してきます。先ほどいった、科学する子どもたちの発達は、日常生活の中から育つ。そのなかで、話し言葉、聞き言葉がだんだん発達してきますが、それは、あくまで生活の次元の認識です。

　ところがヴィゴツキーは、科学的認識は、少しずつ生活の認識が深まるのとは、逆の過程で認識が深まるというのです。つまり世の中には、科学の言葉と日常の言葉があるわけですが、ある程度十分に、日常の言葉を成熟させていくことが条件ですが、ある段階、つまり小学校高学年から中学生ぐらいにかけて、先ほどの、ピアジェの三つ山問題ができるような抽象的な認識がある程度成長してきたその段階のときは、日常の言葉の洗練だけでは、科学的認識を発展させようと思っても発展しないよ、といっています。

　つまり、科学の正しい言葉を使って、日常の言葉を洗練させ、研ぎ澄ましていく。科学の言葉を使って、日常の言葉を豊かにしていく。そういう営みを経ないと、科学の抽象度が深まらないということをヴィゴツキーはいうのです。つまり科学の言葉を使わないと、正しい認識の構造が頭にできないからです。いつまでも赤ちゃん言葉や小学生言葉で授業をやってはいけない。子どもにとって一時的に抵抗があっても、ちゃんとした科学の概念、科学の言葉を使ってする授業を一定の時間をとって行うこと。またこのころの生活上の認識と科学上の認識が葛藤を起こす問題を授業の中心テーマにすることが、発達の最近接領域として大切ですが、葛藤を起す議論でも、そのときに使う言葉を、先生は生徒がそれを使って考えられるように、うまく用意しておくことが大切です。

　つまりヴィゴツキーは、抽象的認識の深化と形成は、日常的な話し

言葉や、聞き言葉の認識の形成と逆のプロセスをたどる、といっています。

現実の世界があって、そして言葉を獲得するのが、子どもたちの日常の発達ですが、これを私は、認識ののぼり過程と呼んでいます。

けれども科学の概念の形成は、科学的な認識から、日常的な認識への、おり、のプロセスがいる。

ある年齢から、これらを両方使いこなし、考えるのでなければ、抽象的認識にはいかない。これを間違えると、豊かな体験と、これから得る科学的認識が一つにならない。いつまでたっても経験的認識から離脱できないし、抽象的認識が、単なる学校知にとどまる。

やはり、ある段階で高いレベルに飛躍させるためには、科学の言葉を使いこなすという本格的な科学教育がいるわけです。中学校、高校の課題は、まさにその課題で、小学校レベルの課題を踏まえながらも、理解しながらも、違った教育をスタートさせなければいけないのです。それが理科の専門の先生が本格的にやる科学教育なのです。

そうすると、ではどこが、小学校の先生と違ってくるのか。本格的な科学教育は、ただ正しい言葉を使って、単に、「おり」ればいいというものではない。のぼり、おりを、繰り返しながら、それらを洗練させるプロセスがいります（図）。またそれが生徒自身で可能な領域、そんな教材部分を選ぶべきだということを、ヴィゴツキーは、発達の最近接領域の大切さの中で指摘しました。

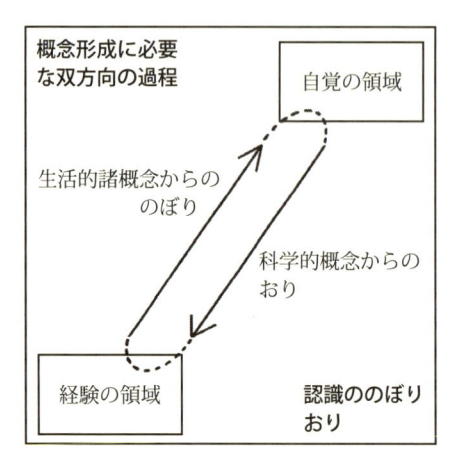

これは、子ども１人では絶対に分かるようにならない。けれども、先生がある条件を整えることによって、

概念形成に必要な双方向の過程

自覚の領域

生活的諸概念からののぼり

科学的概念からのおり

経験の領域

認識ののぼりおり

第3講　ヒトが人になるうえでの理科教育の役割

子どもたち、生徒たちが自分でそのことを分かったといえるようになる。本当は先生が用意したのだけれども、生徒たちが「自分で分かっちゃった」といえる、ある領域があるのです。

　今日は、自己中心性の離脱のプロセスの話です。子どもが豊かになるためには、自己中心性の認識からの離脱が重要です。そのためには、ものごとの客観的な構造の理解や抽象的認識を理解できる頭が子どもにとってできていないといけない。そういう新しい認識がなければ、本当の豊かな人間にはなれません。
　それには自然科学教育が重要です。人間が、知的、情的に発達するために、自然科学は自然の力を借りて、人間を豊かにするのですね。

第 2 章

良い理科授業とその評価基準

第4講　学びあいがあるか

　今日からは1時間の理科の授業案をつくったとき、それがいいかどうかを、自分で検討できる基準をお話します。一カ月や数カ月単位の単元案ではありません。一時間ごとの授業です。みなで模擬授業をして検討するときでも、この基準で検討するといいと思います。まず具体例を示します。

学習指導案「物に光をあてよう」
　まず学習指導案を見てください。この指導案は、私が香川大学教育学部にいたとき、学生さんが作ったものです。小学校3年生向けの

第4講　学びあいがあるか

ものですが、独創的でなくとも良く実践を勉強していて、しかし気張らず、良い案になっていると思います。そこでこれを良い授業案づくりの例として紹介しながら、良い授業の原則を考えてみます。

学習指導案「物に光をあてよう」

　　　　　　　　　　　　　香川大学教育学部 TA さん・ES さん作

作成日時：平成 14 年 6 月 25 日

指導学年：小学校 3 年生

単元名：物に光をあてよう

単元のねらい：子供たちはこれまで光に関して、生活科を中心に、日なたの植物のほうが日陰より育ちやすいなど日光と関連した学習活動を行っている。しかし、光に対して間違った概念をもっている児童も多くいる。ここでは、鏡を使って上手に光を跳ね返すにはどうしたらいいかなど、自分たちで工夫して光の進み方を調べるのがねらいである。

本時の目標：・光のリレーにより、どうしたら的に光が当たるか工夫する。
　　　　　　・工夫により光の性質を知る手がかりをつかむ。

授業名：「跳ね返った光は、どんな進み方をするだろうか」

・光を矢印の向きに進めるには、鏡をどちら向きに合わせばいいのかな？
・自分で矢印を描いてみよう!!
・どんな工夫をして次の人に光を伝えたかな？
・やってみてかんじたこと。

本時の展開

学習過程	教師の働きかけ	予想される児童の反応	指導上の留意点
導入	「今日は鏡を使って各班ごとに光のリレーをしてみます」 「まずプリントを見てください。光を図の方向に進めるためには、どういう向きに鏡を合わせばいいと思いますか」 「それではみんなの考えが正しいか、各班ごとに実際に調べてみよう。光をつなげていって、的に当ててみよう」	光を進ませたい方向に鏡を合わせれば、光はその方向に進むと思っている。 光を当てたい向きに当てても、思ったように光は進まないことに気づき不思議に感じる。	晴れの場合は外で、雨の場合は太陽の代わりに光源を使って行う。 ・光を友だちの顔に当ててイタズラをしている児童には、やめるよう注意する。 ・上手くいかない班には鏡の角度を変えるように助言する。 ・協力できない班がないか注意する。 ・分かっている児童にはわかってない子に助言するよう促す。
結果に基づく討論	「光のリレーをしてみて、どういう工夫をしたら光は思うようにいったかな？班ごとに話し合って発表してみよう。調べる前の自分の考えと変わったかな？」 「光について気づいたことがあったら発表してください」	「光はだんだん薄くなった」 「鏡の角度を変えたらうまくいった」 予想と違う結果に気づく。 「本当に向かせたい方向に鏡を向けても思い通りにいかなかった」	意見が出なかった場合は「鏡の角度を変えたりする工夫はどうだった」と指摘する。
まとめ	「鏡を使って光を進めるには、鏡の角度を工夫することが重要なことがわかったね」 「では、今日はおわります」		

第4講　学びあいがあるか

　よい授業の基準は三つです。
　一つ目は授業案を見て、ワー、楽しそう、と思えること。生徒が主体的に参加し、学びあいがあるかどうかです。
　今回の授業例でいえば、グループごとに光のリレーをして、的に光を当てる競争をする。子供たちの叫び声や、ざわめきや、つぶやきが、聞こえてくる気がします。
　楽しい授業で大切なのは、生徒が授業に主体的に参加できるような学びあいがある案になっているかどうかです。学びあいと教えあいとは違います。学びあいは、自分がわからないことを主体的に恥ずかしがらずに行動できることです。
　まずはあまり難しく考えないこと。先生と生徒との対話があるかや、生徒どうしの相互交流や行動での参加があるかです。これは授業案を見ればすぐわかりますね。授業案の質は次第に深めていくようにこれから努力していけばいいでしょう。まずは先生の一方的な授業ではなく、学びあいがある案であるかどうかを大切にしましょう。
　二つ目は実験があるかどうかです。
　この授業例でいえば、光が鏡に当たって、どのように反射するのか。生徒は予想して鏡を向けますが、その通りに行かない。当てたい向きに鏡面を向けても光は、別の方向に飛んで行ってしまいます。この予想をして確かめ、法則性を知る作業が実験です。この授業では、すべての生徒がこの作業に真剣に取り組んでいます。でないとグループが負けてしまうからです。
　理科の特色は自然の言葉を聴きながら学ぶ教科です。だから先生と本と生徒だけの授業では理科の授業にはなりません。自然に直面し、考える機会が要ります。もちろん実験をみせるだけでもいいです。つれだすだけでもいいです。自然と対話してそこから学んでいることが良い理科の授業であるかどうかの大切な基準です。
　三つ目は、教えるに値することが明確に絞られているかです。

いくら学びあっても、実験があっても、何を教えているか、何を学べばいいかわからない授業ではこまります。この内容をどう絞るかは、難しいことですが、しかし生徒側からいえば、とにかく、どういうことを学んでいるかが分からない授業はいらいらするものです。この授業でいえば光の反射の法則性についての、この年齢での良くある誤認識を克服することに集中して授業が展開されています。
　何も入射角、反射角をいわなくてもかまいません。鏡に反射する光の向きについて生徒は学ぶ前にとんでもない認識をしていますから（誤認識）、これを克服しさえすればよいのです。
　生徒は学びあいで、これを自然から学んで理解していくでしょう。この授業は、生徒が楽しく自分で学べるような、発達の最近接領域の課題を先生が設定しています。
　以上、この三つの基準にしたがって、授業案をつくり、この基準で、授業を批評しあってみましょう。どんな授業案でも、この三基準で切ると、学生さんでも、それなりの講評が自主的に相互にできます。
　そこで今日の講義は、その１、楽しさの意味についてです。学びあいと参加の意味について、学習心理学の発達の研究の歴史を追いかけながらこの基準の教育上の根拠を学んでみます。
　まず、なぜ学びあいが生徒の主体的な学習を促進させるのに大切なのかを学びます。

行動主義の限界
　教育学で、学問的にも充実して研究が大きく進んでいる分野があります。
　学習心理学、発達心理学の発展です。それが理科教育の授業方法に関して、どういう示唆を与えているか、という話をします。発達心理学でもいろんな面がありますが、今日お話するのは、発達心理学の中で、主として学習心理学に相当する部分です。
　すでに理科教育の目的を二つお話をしました。一つは、現代の課題

第4講　学びあいがあるか

をどう見るかですね。つまり、21世紀において人々の幸せとか豊かさの価値観を変えることです。豊かさというものが持っている価値観。豊かであることは大切ですが、その豊かさが、20世紀の豊かさと違うのではないか。誰とともに、どのような豊かさか。その豊かさの価値観を変えるという大きな役割が21世紀の理科教育の役割の中にあります。つまり21世紀の賢さを育てる役割が理科教育の目的の中に登場してきました。二つ目は、ヒトが人になるうえで自然科学が必要であるということでした。ヒトが人になるうえで必要な豊かな人間になるのに、人間と人間との関係、自然と人間との新しい関係をつくりあげていくのに、自然科学が理解できる感性と理性が、大変重要になっている、それが全世界で追求されています。この二点が、いま全世界で研究、追究されているといっても良いと思います。そこで今日は、第一番目と二番目の話が、どうつながるかというお話をします。それは発達心理学の進歩が語ることです。

　戦後の最初のころ、1945年。このころの学習心理学を一言でいえば、これは行動主義心理学でした。これは、心理学の研究をすれば必ず出てきます。

　この行動主義心理学の特徴は、初めて心理学を科学にした点にあります。この行動心理学は、心理学という、人間の心とか人間の学びとかいうものを、哲学の領域から実験的な検証が可能な科学にした、というのが、この行動主義心理学の大変重要な功績でした。この心理学の研究の重点が戦後の歴史のなかでは、四段階にわたって以後変化していきます。

　この行動心理学について、たぶん君たちは教育学の諸講義で既に少しずつどこかで聞いたり、勉強したと思うのですが、有名なのはパブロフですね。パブロフのイヌ。餌を与えるときにベルを鳴らし、与えないときは鳴らさない。そのうちに、ベルが鳴っただけで、犬はよだれを垂らす。これを条件反射といいます。

　あるいは、ネズミがどれだけのことを覚えているだろうか。あるい

は、チンパンジーがどれだけ学習しただろうか。人間の言語を話さないネズミ、チンパンジーの思考を検証可能な科学としてどう研究するか。

そこで用意するのは、たとえば三角のカードとか、丸いカードとかです。ハート型のカードを渡したときにだけ、餌をチンパンジーに与える。ほかのしるしのときは餌を渡さない。これをくり返した後に、じゃあ、餌を渡す前に、ハート型のカードを渡したときにチンパンジーはどういう反応をするだろうか。逆もありました。おいしい食べ物だけでなく、カードを間違えたりすると、ビリビリと電気ショックを与える。これらをくり返すと、嫌がってだんだんハートのカードだけのとき餌を受け入れる反応をするという。それが客観的に検証可能な再現性のある、学習ができたということだ。そんな実験が繰り返されるんですね。一番よく使われたのがネズミですが、いろんな動物を使って刺激に対する反応と学習の関係を、条件反射の実験でさまざまなかたちで行われました。

そこで、この行動主義心理学の学習研究が、教育の世界に取り込まれますと、どういう指導方法になるか。一言でいうと、実践的ないい方をすれば、「褒める・叱る」の大切さになります。

普通の授業で、ご褒美を出してご飯を食べさせることはないですから、心理的な意味でのご褒美というのは、「よくやったね」といって先生が温かい励ましを与えたり、褒めてあげる。うまくいかなかったら、叱るとまではいかないにしても、「もうちょっと頑張りなさいね」とか「こうしたほうがいいよ」とか、基本的には外的な刺激と反応に関する心理学ですから、この「褒める・叱る」という教育方法です。

理科だけではなくて、どの科目にも全部共通していますが、これは現在でも通用しますね。だから、そういう意味では、行動主義心理学のときに開拓された教育の方法としての「褒める・叱る」は、いわれるまでもなく、むかしからあった先生の指導方法ですね。それは、い

第4講　学びあいがあるか

までも通用します。

　ところがその「褒める・叱る」に問題点があるわけです。

　ネズミは、食べる餌がないからやむをえず、それを選んでいるかもしれない。本当はもっと別の餌があれば、そっちを選んだかもしれないのです。こっちが欲しいかもしれないとかは考慮されないんです。

　つまり、褒める、叱るは、「学ぶべき中身と無関係」なんです。だから、本当に学びたいかどうかは関係なくて、「周りが学ばせたい」と思うものを学ばせるときに、これが要るわけです。

　だから、いまでも会社の研修会はこれです。こんなもの学びたくないなと思っても、社員になったら学ばなければならない。学ぶ価値があるかどうかは、社員が考えることではないです。会社側が考えるのです。中身は無関係で、とにかく学ばせる。それが行動主義心理学がネズミなどに提起する学習課題です。社員研修でも同じで、学ばなかったら給料をもらえないとか、下げられるとか、昇進できないとかで、しようがないから学びます。

　つまり、行動主義心理学の場合は、本当にどれだけ深く子どもが学ぶかどうか、何を学びたいかにあまり関係のない学習をしているという批判が起きてきます。

　この実験で、ネズミはちっとも学ばない、サルはちっとも学ばないとか。したがって、そういうことをいろいろ研究しているけれども、ネズミにとって、サルにとって学びたくないことかもしれない。本当に学びたいものがあるのではないかということを考えないと、本当の学習は成立しないのではないかという批判が出てきたのです。

　そこで、新しい心理学に、もっとこの心理学から離れて、もっと違う研究をする必要があるのではないか。人間の気持ち、受け入れる側の頭の中はどうなっているか。何を習わせるかとはまったく無関係に、ただ単に嫌だと思ったら無理やりアメを与えたり、あるいは叩いたり、の学習で良いのか。

認知主義の限界

　そこで時代は、戦後二番目の新しい心理学に変わってきました。その心理学はどういう心理学かというと、認知主義心理学といいます。認知症というのは、わからなくなってしまう病ですよね。認知主義というのは何であるかというと、わかる学習、わかる理科。それは学ぶ中身がどうわかるかによって、子どもはよく勉強したり、勉強しなかったりすると考えるわけです。教師にとっても、生徒にとっても、これは当たり前のことですね。勉強してわかる教材を用意するかどうかなんです。学びたいことも、無理やりやったら嫌になってくるわけです。それでも一生懸命、優等生は勉強しますが、普通の子はなかなか。適当に勉強していきます。なかには抵抗する子もいて拒否します。

　そうすると、この認知主義は、初めて教育内容を認識の形成に関する科学の問題にしたわけです。学習心理学にとって教育内容というのはすごく大切だ。何を学ぶかということは、子どもの学習にとって学びたいことが本当にわかるように学んでいるかどうかということが非常に大切なのではないか。本当の意味で学習するうえで、ですね。そういうことが学習心理学の研究の中心に、だんだんなってきました。

　そうすると、この段階で、先生方が何をやるべきかというと、教材研究ですね。その内容の整理。整理といういい方より、もう少し普通の授業的にいえば、教材の構成ですね。授業カリキュラム。教材がどういうふうに構成されているか、うまく整理して学べるような、わかるようなかたちにうまく料理して授業をつくるわけです。子どもたちが学んでよかった、学びたいと思っているもの、を授業する。だから教材研究がいる。

　これはどういうことかというと、教えることは決まっているのだというわけではないんです。文部科学省が「これを教えなさい」というのはしようがないから教えますけれども、文部科学省がどうあろうと、子どもが学びたいことがわかるように、教えてやらなければ駄目です。あるいは、文部科学省がいっていても、子どもが学びたいと大して思

第4講　学びあいがあるか

わないものは軽く扱う、という判断が先生に必要になるわけです。

　子どもが何を深く勉強したいと思っているか。そのテーマについては、ちゃんと先生が教材研究をして、それを構成しなければいけない。ということは、いい換えれば、ここで教える中身の意義。わかる内容構成の研究が始まるのです。つまり、ここはどういう知識とどういう知識が、どういうふうに重なっているか、つながっているかという教材の構造を整理していくのですね。あれこれワーッといっても子どもは分かりませんから、この知識とこの知識は、こうつながっているんだよということを先生が整理して、そこをちゃんと整えて教える。プリントをつくってあげるとか、テキストをつくってあげる。この流れのなかで日本の先生のなかから理科や数学などの自主的な民間教育研究団体ができてきます。

　国際的に見るとさらに、理科教育の現代化運動ということで、戦前におけるさまざまな知識を再整理し、今日教えるに値する内容を提起するという大きな運動が起きました。

　そのときに、子どもが学びたいものを学ぶようにするわけだけれども、本当に子どもの頭の中を、子供のつまずきを、ちゃんと研究していくこともまた大切でした。しかし基本的には、まだ先生の中で、これを整理する段階でした。教材を整理しましょうと新しいテキストがいっぱいできてきた。そして新しいテキストをつくって、よい内容をちゃんと教えるようにしてあげましょうという整理はあった。

　このように整理すれば、たぶんよく勉強するであろうと思った。ところが、そうはいかなかったのです。例えば物理のPSSCも失敗してしまった。アメリカでもその採択率が1割から2割程度でしかない。現場が受け付けなかったのです。「いいけれど難しすぎる」、それが現場の声でした。

　そこで三番目の研究段階になります。子どもたちはちっとも勉強しない。（先生にとっては）すごく面白いはずなのに。すごくいい授業をしているはず、いい実験やいい内容を教えているはず。でも最近の

子は全然知的好奇心がないと、先生がぼやく。ぼやいても、実態としてなかなか学んでこないなら、何か原因があるわけです。

その原因を、子どもが勉強しないからいかん、社会が悪いとか、そういうことをいっていても始まらないのです。何か原因があるなら、その原因がどこにあるだろうかということをちゃんと研究しましょうということで、構成主義心理学の研究が始まってきたのですね。

構成主義の問題点

構成主義心理学というのはどういうことかというと、いままでの認知主義では、与えるものが問われています。与えるものをきちんと整理して、何を学ぶかによって、子どもは学んだり、学ばなかったりする。

けれども子どもたちはどうか。学ぶかどうかは、子供たちが決めている。そこで子どもの側や生徒の側が、何を考えているのか。このことを想定しながら、研究しながら授業をつくっていこうとするのが構成主義的心理学です。

認知主義も、子供の考えを想定しながら、教材編成をしている。それを考慮して構成したつもりなんだけれども、多くは想像なんですね。先生が一方的に、たぶんこれは好きであろうとか、面白がるであろうと、先生のほうが勝手に思っているわけです。良い先生は、適切にそれをつかんで、教材編成をしていますが、一般の先生にとっては、天才的な眼力に思える。でも本当に面白がっているかどうかは分からない、本当に要求しているかどうかは分からないんです。科学としての客観性が問われているのです。

そこで研究してわかってきたことがある。学習というのは、何もない生徒の空っぽのバケツの中にポンポン教育内容を放り込むのが学習ではない、ということが分かってきたのです。この段階で初めて、学習とは何かということが、ネズミとかサル、パブロフのイヌとかと大きな違いとしてわかってきたのですね。怒ったり褒めたりして、それだけでなく教育内容をうまく整理して、食べやすいようなかたちにす

第4講　学びあいがあるか

るというような学習観から、初めて本格的に転換したのが、この構成主義的な学習観だったのです。

　1970年代の終わりから1980年代ぐらいにかけて、構成主義的な、全世界的な心理学が教育の場で盛んに研究されたのですね。このとき初めて学習の考え方、学習の主体は誰かということになります。いままで学習の主体は先生。学習させる主体である先生が大切だったのです。

　このとき初めて、学習の主体は生徒である。学習というのは、自分の物事に対する捉え方。これをパラダイムとか、あるいは、発達心理学では構造といいますが、その子どもたちが持っている、ものの見方、考え方の枠組みのことです。それを自分でつくり変えていく作業が、学習ということなんです。そういうことが分かってきたわけです。

　これは、すごく大きなことで、そこで教えなければならない知識の構造と、すでに自分が持っている構造が頭のなかで葛藤する。競争する。すでに持っている生徒の認識のうち、科学の認識とは違う代表的な構造を、誤認識とか前概念といいます。

　例えば、種は死んでいると誤認識していたりする。種というのは、普通の植物であっても生きていないものだと。種が生きていなかったら芽は生えてきません。大賀ハスという何千年も前のハスの種が芽吹くわけでしょう。仮死状態で生きているわけですね。

　あるいは、ものを投げると、動く方向に力が働いていると考える。慣性の法則によって等速度運動をするのに力はいらないのだけれども、動き続けるには、必ず力がいるのではないかという誤認識です。

　そういう日常生活感覚、生活体験のなかから科学しながら、子どもたちが自分で獲得した概念があるのです。誤認識というのは、生活のなかで我流に科学した結果なんです。

　たまたま先生がちょっといったからといって、誤認識はそう簡単に変えられるものではないんです。十数年の生活経験のなかで自分が一生懸命獲得したものだから、そう簡単に変えられるものではない。本

当に自信を持って納得している。ところがテストに出るから、しようがないからテストのための勉強をして、テストとして答えるけれども、本当の気持ちは自分の生活体験のなかのほうを重視するに決まっています。だから、一生懸命勉強しても、自分の考え方は全然変わらないわけです。

いままで、こういうものが確としてあるということは、一部の先生を除いてほとんど気づかなかった。そこでそんな誤認識が全世界で調査された。物理・化学・生物・地学の領域で調べられ、すごくいっぱい誤認識があり、これはそう簡単には変わらない、というようなさまざまなことが研究されました。そして、ではどうしたら克服できるのだろう、しかしそれがどうもよくわからない。わかっているのは人間が頭の中で関連づけていないと、わかった気がしないということです。

例えば、普通はどんどん勉強すればするうちに、だんだん優等生が優等生でなくなってきます。小学校のときには100点を取った子が、中学生、高校になると60点とか40点になっていってしまうわけです。「あの子はすごく優秀な子だったのに、だんだん上になるとできなくなるね」と。大学生になると、あるいは社会人になると、ただの人。「小学校では神童だったのに」とか、あるいは逆に「なんであの子は賢くなくなったのか」と。みんなも、どこか身の周りに覚えがあるのではないかと思いますけれども。

なぜそうなってしまうかというと、実は、もともと人間というのは、物事を捉えるときに全ての知識を頭の中に全部ため込むわけではないんです。ある程度、機械的にさまざまな名前を覚えるのは小学生が得意です。電話番号をいっぱい覚えるとか、円周率をダーッといっぱい覚えて得意になっている人がいますけれども。

ところが、ある程度の年齢になってくると、意味のないことを機械的に覚えるのは苦痛になってくるし、覚えられなくなってきます。何らかの関連づけがないと。

記憶術というのがあります。今日、朝起きて学校へ行くまでの経

第4講　学びあいがあるか

路の風景、たとえば電信柱があった、地下鉄の入り口があったといったイメージと覚えたいことを関連させて覚えると、無意味なことがダーッと覚えられるということが本に書いてある。それは、しようもない覚え方ですけれども、記憶術の普通の正統的な覚え方ですね。

　要するに関連づけないと覚えられない。それが人間の脳です。ということは、いい換えれば、人間の頭の中というのは構造をなしているんです。知識と知識の関連。知識と知識がばらばらにあるのではなくて、つながりをなして、ネットワークをなして存在している。知識は必ずネットをなしているんですね。

　人間の頭でいうと、脳細胞の中のニューロンが出て、絡みついて、大事な記憶をつくっていく。だから、ばらばらではない。必ずつながってくる。このネットができあがると、このネットがうまく絡まってくると、知識がきちっと安定して覚えられる。まったく無関係だったら全然駄目ですね。

　そういう意味では、学ぶということは、そのネットの構造部分、つまり、そのネットをつくること。賢くなるということは、新たにこれができることです。子どもが常に科学しながら、だんだん認識を深めていくのと同じように、ある一定の段階からは、今度は自覚的に科学して、自分の認識を広い認識につくり直していく、そういう子に成長していかなければ駄目です。

　思春期、青春期、中学以後は自覚して、自分自身が認識をつくり替える勉強をしていく子どもに成長していかないと賢くならない。その転換をうまくなし遂げられた子は、一時的には、どんどん機械的な記憶は苦手になりますが、トータルとしては賢くなる。

　一を聞いて十を答える子がいます。寝ていても、先生が当てると、ぱっと答える。そういう子というのは、先生の十の話の中の十を全部再現できないです。これは実際に聞いてみればわかります。本当に賢くて、一を聞いて十を答えられる子は、先生の十の話を十そのまま再現するようなテストをしますと、ほとんど再現しません。そのとおり

書きません。
　つまり微妙に、書くことが先生の言葉とちがう。いわば勝手な自分の言葉で書いてあります。そんなもの、先生と違うではないかとペケにしたら、その子は点数が悪くなります。でも、先生に問われなかったことを聞いても、それなりにちゃんと答えるのです。
　そういう子は何をしているかというと、授業のなかのキーポイントを一生懸命よりわけて聞いています。
　今日の私の授業なら、授業にとって何が大切なんだろうか、どういうこととどういうことが一番キーポイントなんだろうか。それはこのポイントさえあれば、忘れても思い出せる、そういうことを一生懸命探しながら聞いている。
　だから、忘れていたことは再現できます。でも、そのとおりではない。当然、自分の言葉になりますから、先生のいった言葉にはならない。それを先生の言葉通り要求すると答えられません。でも、当たらずとも遠からずですから、それでいいのです。知識とは、そういうものですから。
　だから、一を聞いて十を知る子は、十を聞いて三しか覚えていないわけです。再現できる三を一生懸命、授業中に探しているわけです。十を聞いて十を全部再現しようとする子のノートは、それこそびっちり書いている。そういう子は、たいていまじめでも駄目ですね。忠実な優等生になるかも知れませんが。
　そういう構造を自分でしっかり見つけて勉強するのが授業なんです。これが学ぶということですから。
　運動部の練習でもそうです。テニスの練習にしても、バスケットの練習にしても、最初の素人のときはどんどんうまくなっていく。そのうちに、だんだんうまくならなくなります。その段階は、新しい技術のパターンに変わるころなのです。それを乗り越えないと、次の段階に進めない。練習曲線とは、そういうことです。もうすでに構造を変えないといけないわけです。そのときに、テニスのプレーの仕方を

第4講　学びあいがあるか

変える。そうしたら一時的に下手になる。

　野球でも、ちっともホームランが出ないと思ったときに一本足で打ちなさいといわれたら、最初はホームランを打てない。王さんがそうです。つまり、一本足で打とうとして一生懸命努力するうちに、前よりもポーンと打つようになりましたが、最初はホームランになる率は下がっていく。イチローでもそうですけれども、はじめは必ずヒット率は下がります。

　この段階で、新しく変えることを躊躇していると、この段階から一向に変わらないのです。それは普通の人です。でも、賢く新しく変化する人の場合は、この段階は構造が変化しようとしているわけですから、その構造を変化できるような練習の仕方や勉強の仕方に変えるように研究を始めるのです。それは嫌でも一時的に下がることを恐れていては駄目なのです。

　実は、それを科学的に明らかにしたのが、この構造主義の心理学ですね。僕は認知主義の研究者ではありませんから、この直接の研究をしていたわけではないですけれども、その研究論文などを見ますと、まさに、このことを明らかにしています。

　つまり、それはどういうことか、なんで分からなくなるかというと、いままでの自分のパターンの構造があるからです。新しい研究をしたり、人のアドバイスを受けたり、王さんが荒川コーチのアドバイスを聞いて、死にものぐるいで研究し修得しようとするからです。おそらく王さんは、当時の巨人で、もっとも多くバットをふった、夜中まで。そんな選手だったそうです。

自分のいままでの体験をもう一度ほどいて、新しく学んだことを再構成して新しい考え方をつくっていく、というのが認識の自己改造作業。スポーツでも同じです。脳と体の協応ですから。そして、自分でイメージトレーニングをして、克服していくということをすれば、上がっていくわけです。これが認識ということです。
　そうしますと、授業の本論というのは、わかったつもりのところを、いかにわからなかったかに気づき、分けが分からなくなることを経験することです。そしてそれを自分の頭で克服すること。実はここなんです。
　ここまでは授業の前提です。これは、やればできます、誰でも。小学校のときには教えられなかったけれども、だんだん年齢が高くなって、中学校や高校になると、この辺までは授業の前提ですから、普通に勉強すれば分かります。
　しかし問題は、これをジャンプさせるにはどうするか。特殊なスポーツの練習や天才的な子や出来る子は自分でそれをするようになりますが、普通の子はどうか。それが構造主義の研究ではわからなかった。それでは科学リテラシーの時代の科学教育にはなりませんね。

状況主義が提起したこと
　そして、現在です。いま三番目が終わりましたね。次は四番目の心理学の段階ですね。状況主義的な心理学という流れがでてきます。ここで元東大の佐伯胖さんによれば戦後の50年の教育心理学、学習心理学の歴史の中での最大の発展が起こります。いまいった誤認識が、どのように克服されるかを研究しているうちに生じました。
　それは何かといいますと、内発的な動機づけが外発的であるということです。
　第三段階の研究で、学習とは、自分の認識の自己改造作業であるということでした。ではどうしたら、生徒が自分で主体的に、喜んで、自己改造作業をするかということです。この筋道は不明確だったので

第4講　学びあいがあるか

す。1980年代の最初のころは。

そこで、生徒が主体的に学ぶ場合というのは、どういう場合なのか。どういう場合、自分自身の考え方を、主体的に意欲を持って、つくり変えるだろうか。いままで我流で科学したものを科学の考えと葛藤させながら新しいものに転換させていくのを、生徒がなぜできるようになるのか。

この状況主義的なところになって初めて分かってきたのは、もちろん教材を整理していくことは大切ですが、すでに頭の中には別な考え方があるわけですから、それは誤認識ですが、まず、それはどこから来たかということなんです。

すでに誤認識なり、子どもたちが思っている考え方は、いったいどこから来たか。実は、お父さんやお母さんや、周りの子どもたちから来ているんです。当たり前といえば、当たり前なんですけれども。

つまり、誤認識とか、子どもたちがすでに認識として、自然のなかで持っている考えは、いわば生徒が自己流の科学で獲得した考えですが、多少の違いはあっても、ほとんどの生徒たちに共通した考えとしてあります。よって彼らが会話しながら共有していても、ほとんど違和感がないのです。つまりその考えは周りの子供たちからきて、確認して獲得しているといってもいいのです。

ここで戦後の最大の教育学的な発見がなされたという話をします。それは、内発的動機づけと外発的動機づけ。この話は、どこかで聞いたことがあるかな。

戦後の教育学の主流は内発的動機づけ重視です。子どもが望むもの、学びたいものを整理して与えて、子ども自身の考え方に従って、それ

第2章　良い理科授業とその評価基準

をうまく援助しながら学習させていきましょう。だから、学びたいと思う内発的な動機づけが重要だ。子ども自身が主体的に学びたいと思うような動機づけしかない。しかし、どうしたら内発的動機づけが豊かな、知的好奇心の豊かな子ができるのか。

　内発的動機づけの根拠は、外発的であるというのが、おそらく戦後の教育学の研究の最大の成果です。知的好奇心が豊かな子。この子は豊かな子です。豊かな子が学べるということが大事なんです。でも、どうして、この子は知的好奇心があるのかという問いに対しては答えられなかったんです。

　先天的ではない。お父さんがそうだったり、お母さんがそうだったり、周りの子どもがそうだったり、その街がそうだったりするわけです。それは外から来るものです。つまり外発的。知的好奇心が豊かかどうかというのは、周りの環境によって、そういう子が育ってくるわけです。それは、ちょうどアメとムチのような、行動主義のようなストレートなかたちではありません。もっとじわじわとした文化。時間がかかったものですけれども。

　これを頭に置いて出てくるのが、この状況主義心理学です。どういうことかというと、誤認識の根源は、友人や親との交流による強化なんです。これは非常にはっきりした、明確な調査があるんです。科学者や技術者になっている女の子が、日本は大変少ないです。自然科学、理系の分野に進んでいる女の子が、日本は非常に少ないのが、ヨーロッパに比べて特徴的ですね。なんでだろうか。

　なぜかということをずっと調査した女性科学者の会の研究調査によれば、女の子が理系へ行っても全然悪くないじゃないか、当然、べつに男でも女でも関係ないじゃないかと、ちゃんと考えている親がいる家庭では、ほとんど進路選択が男の子と変わりない。

　ところが、女の子は理系へなんか行くものではない、かわいくないとかいうことを、ずっと小さいころからいわれている女の子は、ほとんど理系へ行きません。興味の在り方がまったく変わってしまうわけ

です。当たり前の話ですけれども。恥ずかしい話ですが、そういう親にならないようにしないといけませんね。

誤認識の根源は友人や親子関係です。訳の分からない考え方の背景はどこにあるか。あるとすると、これを克服していく仕方はどうしたら生まれるか。

正統的周辺参加論

ということになりますと、大きなこととして、学びあいが出てきます。現代の理科教育の基本的な学習の方法として、これは特別にちゃんと重視していく必要があります。あるクラスがわからないことを恥ずかしがらず、わからないことを一生懸命克服しようとする、心おきなく学びあえるよいクラスであること。そういう、その友だちの集団があるなら、このクラスの子たちは、多くは楽しくわかるようになっていくでしょう。

いっておきますが、学びあいと、教えあいとは違います。学びあいはわからないことを共有し合って、それを克服していく関係です。だからわからないことが、クラスのなかでわからないといえる関係が築かれていなければなりません。普通はそうならず、教えあいになる。すでにわかった子が、分からない子を教える関係になってしまいます。これは本物ではない。

では、なんでこの子たちは一生懸命に学ぶか。学びなさいといわれなくとも、学ぶようになるのか。それをちゃんと研究したのが状況主義です。この研究はこの学びあいの場を、正統的周辺参加状況（J. レイヴ、E. ウェンガー、1993）という表現であらわしました。

例えば仕立屋さんとか、おすし屋さんとか、さまざまな自発的な学びをせざるを得ない社会における学習を状況心理学者がずっと研究してきた。学校だけの学びあいではなくて、社会集団の中で人間はどういうふうにして学んでいくのだろうか。なぜ高い学習の動機づけを持っているのかを、全世界で調査し研究した。

第2章　良い理科授業とその評価基準

　そして、学びにはすごく重要な共通した特徴があるということに気づいたのです。ちゃんとした本もいっぱいありますけれども、それは何をいっているかというと、例えば、テーラー、仕立屋さん。そこに入ると、最初に何をやらされるかというと、裁断するとか、はさみを使うとか、縫うとか、そんなことはさせません。そういうのは、よほどうまくならなければさせてもらえない。最初にやるのはボタン付けなんです。ボタンなんかは、そんなに難しくないです。くくればいいわけですから。

　でも、ボタンがなければお客さんに渡せないでしょう。商品として欠陥があるわけですから。だから、ボタンがない服はないですよね。やっぱり本質的な、正統的な仕事に、ちゃんと若者が就いて、修行に入った最初から重要な仕事を任されているのです。これを正統的参加という。

　ボタン付けは、ものすごく楽です。楽だけれども、いい加減に付けたら、張り飛ばされるわけです。「こんなの、すぐ取れるじゃないか」そう怒られます。そんなに難しくないけれど、ちゃんとやらなければ仲間に、むちゃくちゃ怒られるわけです。いくら若者でも、最初の段階から、本質的な正統的な仕事に参加している。それが学習の動機づけとして大切なのです。そして、ボタン付けをやるうちに、そのお店でつくる、親方がつくる服を全部見る。縫い方から、採寸の仕方、型のデザインなど。全部見ることができるんです。何年間も、毎日毎日ボタン付けしている間に。

　ボタンを付けながら、親方のさ

第4講　学びあいがあるか

まざまな服のつくり方をずっと観察できます。それで、ある程度の段階になったら、次の段階へ進みます。親方が命じて、ボタンつけ以外の次の担当へ進むわけです。

　つまり最初は、ボタン付けは周辺的でしょう。本質的だけれども、一番重要なはさみで切る仕事なんかは絶対できない。そんなことをやったらぐちゃぐちゃになってしまいます。だからやっぱり、あくまで最初は周辺的です。最も根幹の仕事は、もちろん任せられるはずがない。けれども本質的なんです。正統的で重要な仕事。それがなければ商品が成り立たないものに、最初から参加する。

　こういうのが、実は、ほかの仕事にもあるのです。おすし屋さんでもそうです。おすし屋さんは、3年もおすしを握らせてもらえない。何をやらせるか。酢飯をつくらせるんです、3年間。毎日。酢の飯をある程度混ぜて冷やすだけですけれども、ただ、その混ぜ方が、ちょっと違ったり、その日は冬か、夏か、その状況によって混ぜ方は、まったく違ってきますから、常に安定したものをつくるのは結構大変です。

　ご飯としておいしいものをつくるために、結構苦労するんですけれども、しかし酢飯をつくるというのは、乗せるネタに比べて、周辺的な作業です。けれども、おすし屋さんにとって、シャリがなければおすしにならない。シャリがまずかったら親方に張り飛ばされるでしょう。なんというものをつくったんだと。上にネタを乗せるというのは、親方とか先輩職人たちがします。

　若いときに修行しても、最初はネタを握らせてもらえないけれども、酢飯がなかったら、すしにならない。だから最初から、本質的正統的な重要な仕事に従事しているんです。そして酢飯を出しながら、それでもって、親方や兄さんたちがどうやって握るかを朝早くから、酢飯をつくりながら、毎日毎日、親方の仕事を観察しているわけです。

　プロの碁打ちでもそうです。将棋打ちでもそうです。毎日掃除をさせられるだけ。毎日掃除をしているうちに、親方が毎日いったい何を

しているか分かるでしょう。今日はいない、どこへ行った。どういう人とどういう話をした、どういう人とどういう碁を打った、その棋譜を仲間同士で打って学びあい、勉強するのです。師匠に教えてはもらえません。

そこからいろんなことを自分で学んでいくのです。そこで自分で学べないものは、師匠の何かから、大切なものを盗めないのですから、プロとしては見込みがありません。そのときは師匠が親切に教えてくれて、その時の棋譜を自分の宝にして故郷で碁会所を開くのです。

全世界の主要な仕事は、みんな共通した本質的な特徴がある。いい会社なり、いいお店というのは、必ず最初から大切な仕事を任せてくれるのです。ただ、絶対に周辺的です。失敗したら大変ですから。でも、その失敗も、注意して直せる範囲内という意味では、周辺的ですけれども、しかしながら、それがないと困るという意味では本質的、つまり正統的なんです。そういう仕事がある。そういう仕事からはじめるというのが本来の学習の仕方だということがわかってきました。

これは文化人類学の研究で、発展途上の人たちの社会においても、あるいは発展した国でも同じだということがわかりました。とすると、本来の学習も同じではないか。そうすると、社会的なひろがりのある、学びあいがいるのだけれども、それはどういう学びか。どういうときにみんなが一生懸命勉強するのか。学べる状況、意欲を作っているのか。

そのときに、この状況主義の本質というのは何か。主要な動機づけはなにか。学びあえる自立する力は、何故育つのか。親方はほとんど何も教えていないのに。

これを理科教育でいいますと、現代の課題が見えるように学ぶ、それらを共有しあって、学びあう、ということなんです。つまり、理科の内容を学んでいるとき、それを学んでいることの社会的意味が、先生の振る舞いをつうじて、見えることが大切です。

重要なことは、これは正統的な学習なんだということ。本質的な

第4講　学びあいがあるか

ことを学んでいるのだということが理解され、仲間のなかで共有されていなければならない。この勉強は確かに、まだ学生には周辺的かもしれない。でも、いまの時代を解決するのに重要な事柄につながる勉強をしている。これに、いずれ自分の将来は参加するのだということを感じさせる勉強を、たとえ今の教科書の勉強であってもしなければいけないのです。動機づけの意味でも。学びの自主的養成の意味でも。

　21世紀はどういう時代になるのかということを、先生はきちっと教えるべきです。子どもたちはみんな、21世紀の自分をつくっていかなければいけない。いまは勉強の段階だけれども、自分はそのときにどういう仕事に就き、どういうことをしながら、どういう産業をつくり、かかわりながら、新しい次の地球をつくっていこうかということを考える。

　まだそんなことは何もしていないけれど、いずれはこんなことをしたいという未来の夢をもてるような学習をしたいということです。

　授業の中で、それを隠してはいけない。21世紀にどういう問題が起きているんだということが見えるようにしなければいけない。いまは勉強しています。毎日、酢飯をつくっています。けれども、それは将来自分がさまざまな社会的判断をするのに必要だとか、あるいは自分が職業に就いたときに、これは大切だなということがわかっている。

　したがって、ここでいったように、先生には二点の改革がいる。一点は、学びあいの集団をつくる。授業における学びあいを、つまり、わからないことを、わからないといえるクラスをつくる。友だち同士のいいクラスをつくりながら学ぶ。一人だけではなく、学びあいの学習集団をつくる。もう一つは、いまいった現代の課題を取り上げて、それを学びながら、この基礎を勉強する。この考えは、ヨーロッパの現代の科学教育全部に共通しています。

21世紀の科学教育

　京都で英国と日本のジョイント講演が行われました。そのとき僕は

第2章 良い理科授業とその評価基準

クロージングあいさつというか、まとめのあいさつをしました。京都教育大学と京都大学の先生と一緒にやった講演会です。

そこで欧州は21世紀科学として、携帯電話というのは本当に危険なんだろうか、地球温暖化というのは本当に起こっているのだろうかとか、そういういまの時代と科学とのかかわりについてのテーマ（科学モジュールという）を理科の授業の本論として取り上げる。

それを勉強しながら、科学における説明として科学の基礎を勉強し、さらにそのデータを解析することを通じて、科学についての考え、探究活動の訓練をする。リスクの問題とか意思決定、社会の問題とか科学についての、Think about science といいますが、その科学についての考え方の研究をする。

Thinking About Science

What do YOU think?

——スノーマンのポスター。左から図中人物の発言は

"Don't put the coat on the snowman—it will melt him."

"I don't think it will make any difference."

"I think it will keep him cold and stop him melting."

これは小学校、中学校、高等学校、全部に共通する基本的な考えですね。いまいったように、もちろん教室は丸いテーブルで、お互いにディスカッションしながらやる。欧州に小学校や中学校に行ったときに、ポスターをたくさんもらってきまして、それを大学院生とともに翻訳してもっているのですけれども、例えば、Thinking About Science と書いてあるわけです。

そこで取り上げたはじめの問題。それは授業のときに、雪だるまに服を着せる。そうしたら、「この雪だるまは、服を着せたら余計に解けてしまう」という子と、「服を着せたところだけ

第4講　学びあいがあるか

　解け残るよ」という子の両方いるわけです。どっちなんだろうと問題提起をするために教室に貼ってあるわけです。それを子どもたちが考えながら、どうやったら、そのことを確かめられるだろうかといった議論が交わされる。

　これは間違いなく温暖化、二酸化炭素の層のことが想定されるのですね。雪だるまの服に相当するものはいったい何だろうかに発展していく授業につながるような、日常生活のテーマの中で科学しながら、現代の課題につながる提起をしていることを示しています。

　他にも、たとえば土についての考え方です。だいたい植物は水耕栽培で、べつに土なんか入れなくても育つのです。水と空気と太陽があれば、水耕栽培で育っていきます。光合成ができますから、土なんかいらないのです。でも本当にいらないかというと、そうではない。土がないと、だいたい枯れていきますね。それはなんでか。それをWhat do you thik? と問いかけています。

　土というのは、決して石くずではないですね。その証拠に、土をフライパンに入れて熱するとボーッと燃えます。嘘だと思ったら、いっぺんフライパンに土をいれて、ガスコンロにかけてください。燃え出しますから。土というのは微生物の森ですから、生き物がいっぱい生きているわけです。有機物がいっぱい含まれていて砂くずだけではない。

　ということは、いい換えれば、その微生物やさまざまな有機物が分解してミネラルをつくっている。実は土が重要なのは、微生物が分解されて、そこからミネラルを提供するからです。

　そういう考え方は、必ずしも多くの子どもは持っていませんから、ミネラルと土との関係、土とは何なのか。これを学ぶ。土は命を運び込んで、それが死んで分解して、大きな循環の中で土がどういう意味を持つのかということを、ここで勉強しようとしていたのですね。こういう授業ですね。現代の課題につながるようなテーマのトピックを取り上げながら、「ああ、そういうことなのか」というのを勉強して

いく。

　ダムをつくれば、ダムの底にたまった土はみんな死んでいきます。砂粒になります。なぜ砂粒になるかといえば、それはもう生きていけないですから。酸素から離れれば、それは生物ではなくなりますから、嫌気性の生物しか生きられない土はただの砂粒になってしまいますね。だから、ダムの底の土というのは、もう命を殺しているようなものです。

　そういうさまざまなことを考えるもとの知識を、自然観とつなげ現代の課題を学びながら考えていきましょうというのが今日の科学リテラシーの理科教育の第一の原則です。

　良い授業の基準。その１。楽しさの意味、学びあいがあるか。その意味は、自分のクラスや、授業や、広い意味での社会参加が見えるなかで、外発的な動機づけが、無理なく内発的な動機づけにつながる学習、学びあいのある学習が行われるようにしたいということです。

第5講 科学する授業になっているか

実験観の変革

　理科は、国語でもなく社会科でもなく音楽でもない。それがなければ理科といえない、理科ならではの授業があります。それが実験授業です。実験がゼロの授業というのは、理科の授業ではありません。

　いかに理科の内容を話しても、受験のため、またはドリルの時間がいると称して、実験を全く行わず、理科の授業を国語のようにしていると、物言わぬ自然の言葉を、直接聞きとるすべを教えることができません。

　実験はなんのためにするか。そう問われて、生徒は普通、どう答

えるでしょう。現状ではほとんどの生徒は、どういう法則が自然界に、ちゃんとなりたっているかどうか、これを知るために実験をする、と答えます。こういう実験観を持っていると、自然から新しい何かを学ぶことができません。

　例えば、たまたま自分が予測している法則に近い値や現象がでてくると、それで安心して、そのデータの信頼性を疑いません。しかし、実験は自分の思っているような結果がいつも出てくるとは限らないのです。だからときに生徒は、結果を急いで強制されると、不自然に見えるデータを排除して、正しいといわれている値をつらねた、整理したレポートを提出してくることがあります。しかしこれは、データねつ造の境界です。しかし学生はそう思っていません。法則の存在を、基本的に疑わないのですから、正しく実験すれば、実験はその裏づけとなるデータになるに決まっていると思っているからです。

　しかし実験は、自分の予想があっているか違っているか、それを確かめるために行われるものです。すでにいわれている法則が「ほらね、成り立っているでしょう」と示すためにあるのではありません。実験結果が、予想と違っているときこそ、自然の女神が何か新しいことを囁いていることに、気づかなければなりません。実験とはすでに正しいとされている法則がたしかに正しいことを確認するためにするものではありません。実験とは自分の予想が正しいか間違っているかを確認するために行うものです。

　欧州のある国で、理科の分野が4分野で、物理・化学・生物・探究活動という国があります。日本での地学が物理・化学・生物に分散して入れられていて、その代わりに探究活動が独立しているのです。この探究活動の最初、小学校初年時に、日本と同じように温度調べの実験をします。子供たちは学校の校舎の裏や、木陰、グランドなどに行って温度をシートに書きこんで帰ってきます。そして先生に報告します。

　例えば「木陰の土の温度は○○℃でしたが、グランドの土の温度

第5講　科学する授業になっているか

は高く○○℃でした」。すると先生はいいます。「良く調べましたね。で、どうしてグランドの土のほうが高かったと思いますか？」生徒は答えます。「陽があたっていたからだと思います」

　そのとき先生は、実験について基本的なことを話しています。「あなたはその温度調べで、二つの場所で、どういう違いが生ずるかを、前もって予想しましたか？」そう聞くのです。生徒は答えます。「特にその差を予想してはいません」先生はこういいます。「実験というものは、自分の予想を確かめるものです。これからはシートに必ず予想を書き込んでから、実験しましょう」

　そして「あなたの結果は、あなたの事前の予想と一致していましたか」「はい」「ではその予想が、たまたま正しかったのか、それともいつも正しいのかを確かめるには、さらにどんな場所で、温度を比べるといいですか」

　探求活動の最初に、その国の小学校の先生が教えていることは、実験とはどういうことか、でした。自分独自の、事前の予想が無ければ、実験にならない。事前の予想と結果の違い、これを考えることが実験の考察なのだ、ということをまずしっかり教えていました。

　だから実験結果が、先生の事前の予想と一致しないことも、ときどきおこります。これにうろたえてはいけません。そのときが大切です。以下は香川大学教育学部の授業で、模擬授業を実施したときのことです。

　当番の学生グループが先生となり、授業案をつくり模擬授業をします。非番の学生グループは、生徒役になり意見をいい模擬討論をします。学生どうしの講評の時間もとりますから、模擬授業時間は、2テーマなら20分。1テーマなら、ほぼ40分程度です。講評の基準は第3講で述べた3つの基準です。（1）学びあいがあるか（2）科学する授業か（3）ねらいはしぼられているか、です。

　授業案は、この基準からいっても案としてよく練られていました。ビーカーに水をいれ、外においてある塩を入れる。すると塩は消えて

見えなくなります。このとき、塩はなくなってしまったのかどうか。これを重さで確かめる。水に入れ見えなくなっても、水に入れてとかす前と重さは変わらないので、なくなったのではない。それを教える実験授業です。

　とろが授業展開で、とんでもないことがおこります。秤に上皿天秤を使ったのですが、ビーカーに塩を入れる前と、入れたのちの、水入りのビーカーの重さは変わらなかったのです。塩を入れたのにですよ。どうですか。おもしろいことがおきたでしょう。実験の結果、塩は見えなくなりました。おまけに塩の重さもなくなってしまいました。それでいいでしょうか。

　入門期の学生先生でも、そのときはぎょっとしてうろたえても、すくなくとも重さの測定器を変えて、もう一度検討するくらいは、気づいてほしいと思います。この結果は、単に塩の重さが軽すぎて、または水入りのビーカーの重さが重すぎて、それらの重さを区別できる精度を上皿天秤が、持っていなかっただけのことですから。いまならデジタルの電子天秤にかえて測定すると、その謎がとけるでしょう。

　ところが授業の展開は違っていました。学生の先生は「どうも変だな」つぶやき「しかし本当は、塩の分だけ重さは増えます」といい、実験の結果を無視して、「教科書ではこうなる」ということを説明して授業を展開しました。当然、生徒役の学生たちはブーブー文句をいいます。

　これでは実験をしても、形だけで、実験になっていませんね。科学する授業にはなっていません。理科は自然の声を聞いて授業をしなければいけません。そして自然の声は、実験を通して、先生の予想を超えることがよくおこります。そのとき生徒は先生の姿をみています。先生も、自然自身から、また多くの人々の意見を聞いて考えているかどうかの姿を見ています。

　私の化学の実践の例です。中和滴定の実験の前のときです。PHの指示薬の特性を確認するために話をしました。「フェノール・フタレ

インを入れると、どうなる？ 赤くなるよ。それみて！」といってクラス全員の見る前で、それを入れました。本実験の前の予備実験です。するとどうでしょう。信じられます？ 真っ白になりました。生徒は爆笑します。私も一瞬たじろぎました。

「そこでちょっとまってね」といって化学準備室に行きました。そしてそこにいた化学のベテランの先生に、その謎を聞きました。化学の先生は「ごめんごめん、古い試薬瓶を出してしまって。フタレインを溶かすアルコールが、たぶん蒸発していて、フタレインの粉が入ってしまったんだよ」

そこで「今聞いてきたんだけどね」と生徒に片目をつぶり「もし、それがホントなら、ここにアルコールをいれて、もう一度やるとどうだろう」と、再実験したのです。今度は赤くなりました。よかった。生徒は拍手です。

科学する授業で実験をするときもっとも大切なことは何でしょう。それは「真理は実験で決まる」、自然から学ぶ態度を一貫することです。これは実験観の変革という、科学でもっとも重要な考え方を学ぶということです。理科で科学する授業が大切なのは、これを先生の姿から学ぶことです。

科学的態度とは

科学するということで、普通いわれていることが3つあります。
　①科学のものの見方、②科学の考え方、③科学的態度
です。これは建前だけで、実際にはその意味さえ、まともに議論されていません。悲しいことです。

この中で理科で一番大切なのは、③科学的な態度です。これは一言でいうと「真理は実験で決まる」という態度。そういうふるまいのことです。

つまり、科学的な態度の一番の基本は、物事の真理は実験で決まる、という考え方を一貫して持つ。これが科学する授業で一番の重要なこ

とです。ということは、真理かそうでないかは、いまでもそうですが、実験以外で決めてきた歴史が、人間の歴史では大変長かったからです。近代の科学はそれをひっくり返してきた。それが近代科学の始まりなのですから。

肝心なことは目に見えない

　古代ギリシャでも、インドでも中国でも、大体2500年よりちょっと前ぐらいに、次のことに人間は気づいたのです。

　物事で一番大切なことは目に見えない。これに、大昔に気づいたのですね。つまり、表面に見えること、表面に現れていることと、その物事の本質は、食い違っているということに、気づいたのです。

　これが大体、今から2500年ぐらい前です。このときに、ギリシア哲学が生まれます。インドではインド哲学。お釈迦様も生まれます。あるいは中国では、中国哲学。老子とか、荘子とか、孟子とか、孔子とかの諸子百家。ほとんどみな紀元前500年ごろのことです。このときに、世界でほぼ同時に、今日の人間のものの見方や考え方や思想の根本となる部分が、一気に出ました。この時代のことを、ヤスパースという哲学者は、「人類の基軸時代」といいました。

　肝心なことは目に見えない。これに気づいたということは、それまでは、その肝心なことを、さまざまな精霊や神様のせいにしていたのです。ところがこの時期から、大切なことは目に見えないということをはっきり知って、それを言葉にすることが始まった。目に見えないことを、何か精霊の仕業にするとか、そういうものにぶつけずに、言葉で、自然や社会の論理で認識するということを始めたのです。

　これを何というかというと、哲学の歴史では、
　　「ミュトスからロゴスへ」
というのですね。

　ミュトスというのは神話ですね。神話から論理へということです。神話から学問・芸術へです。物事を神話で解決しようとしていた時代

第5講　科学する授業になっているか

から、論理でもって物事を説明しようと変化した時代があったのですね。それが、学問や科学の出発点です。そのときに、考えの元となっているのは、「大切なことは目に見えない」ということです。

大切なことは目に見えないというのを、最近の本でいうと、サン・テグジュペリという人の『星の王子さま』という童話に出てきます。飛行士が、砂漠に不時着して、もう死にそうになっているときに、砂漠のキツネという賢者から、一番大切なことは目に見えないんだよという、有名な言葉を聞きます。これは、サン・テグジュペリの言葉として大変有名になっていますが、これは彼の発明ではありません。当たり前の話ですが、全人類が共通に気づいた、2500年来の根本に流れている考えです。

このことに気づくということを、物心がつく、というのです。だから、人類が物心ついた時代が人類の基軸時代なのです。人が、大声で笑っていても、心の中では泣いているかもしれない。そういうことに、ほとんどの人々が気づいて、もの心がつく。そして、何がまことなのか、真理なのかを、考え始めるのです。

そういう意味で、物心がつくということは、子どもが大人になるときでも同じことです。青年期になりますと、科学を学ぶことができる出発点に立ちます。というのは、表面的に楽しく笑ったりしていても、心の中では泣いているかもしれないということに気づき始める。小学校の高学年から中学生、高校生になると、物事の表面の奥に隠れている抽象的真理を模索し始めようとする。物心がつく、からです。

第2章　良い理科授業づくりとその評価基準

　有名な言葉でいうと、これは大学を卒業するとき、私の先生の一人・坂田昌一先生から色紙に書いてもらった大切な言葉です。
　「現象が本質とそのまま一致するならすべての科学は不要であろう」
　表面に現れているところが現象。それに対して、その奥にある本当の世界。それは普通は一致していないのです。一致していないから科学がいる。そのくい違いから、何が本当だろうかを追求し始める営みの科学が必要になるわけです。
　だから、学問を学びたくなるのも、芸術に触れたくなるのも、そもそもの根本動機は、この食い違いに気づいたからです。人類にとって、人間にとってもっとも大切な問いは、多くは簡単に答えがでないものです。
　たとえば愛とはなにか。正義とはなにか。平和とは何か。それはね、と簡単に答えは出るものではないでしょう。でもこんな問いを、簡単に答えがでないからといって、もし人がこれを問うことを忘れたら、その人は、たとえようもなく薄っぺらの存在になるでしょう。またしたり顔に、それはね、と答えたらそれもまた眉唾でしょう。
　そこで小学校ではどうか。例えば、お砂糖があって、水の中にとけて見えなくなる。しかし両方足した重さは変わらない。だからそれは、ある、ということではないか。見えなくたって、ある、ということを理科では学ぶでしょう。
　また空気は、見えないけれども、ものとしてある。それならば、ないときに比べて、どういう違いが生ずるのか。今話したこの小学校の学習は、肝心なことは目にみえない、でもそれはある。そんな学習です。
　これは自然の本質を、ミュトスではなく、ロゴスで認識する自然観の学習です。

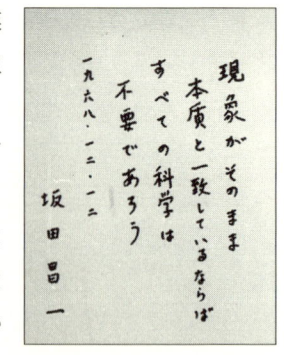

第5講　科学する授業になっているか

　歴史的には、世界中でこの食い違いに気づいた人たちが、ではその真実をどうして知るか。それがいてもたってもいられなくなって最初に行動し始めるのは、やはり優れた人に接触して学ぼうという、そういう動きでした。

　あたりまえですね。目に見えない本質というのは、なかなかわからないですから。実はこうなのではないかと、物事についてある程度深く考えた立派な先生。その人の評判を聞きつけて、その人のところに行き、何が本当かを学ぼうとしました。

　優れた人に接触して学ぶ。これが学問の最初です。これは誰でも最初はそうなるでしょう。みなさんでもわけがわからなくなったら、まずは信頼できる、いい先生から意見を貰おうと思いませんか。

　しかし、最初はそうでも、そのうち学問が深まるにつれて、真理の源泉はどこにあるかということが、あいまいになっていきます。

　生徒が授業で質問をするとします。「これはどうなんですか」と先生にいうと、先生が「こうなんだよ」という。「わかりました」といって生徒が帰っていきます。これは態度としては基本的に、どうなのでしょう。真理は先生が決めていることになるわけです。

　そんなおおげさなことでなくとも、それでいいのかな、と思うことが増えてくることがあります。

　先生を信用するのがいけないといっているわけではないですよ。今でも先生は大切ですけれども、何が本当かの究極の真理の判定基準は、その先生の言葉だとは、君たちも思わないでしょう。先生だって間違っていることはあるでしょう。本当にその人が優れた人かどうか、怪しいことだってあるでしょう。すべての真理の一番の最終的な判定基準が、人ではない。そのことには注意しておく必要がある。人は、だんだんそのことに気づいていくのです。

　そうだな、と思えば次の段階に行きます。どうも先生は怪しいことをいう、間違ったことをいっているのではないか。たとえば法王さまでも、ときに間違っているかも、と気づき始める。人間だから、そう

125

いうことはあるじゃないの。でも人間ではないというよ。そうか。ではどうする、と思ったら、みなさんはどうしますか。

　図書館に行って本で調べるでしょう。他の優れた人の本と比較し始めるのではないでしょうか。優れた本に接して学ぶ。いわば、古典に照らすのです。一番定評のある本、確実な本と比べて、「先生のいっていること、本と違うじゃないですか」といい始める。先生のいっていることと本と、どっちを取るかです。

　あるいは、問題集を解いて、正しいかどうか分からなかったら、後ろの「答え」というところを見るわけです。答えと合っていたら、「あ、合ってた」と思うでしょう。これは基本的に、何が正しいかということは何が決めるかというと、本が決めているのです。歴史は、最初のころは人が決める。そのうちにだんだん本というのが出てきた。昔は写本しかなかったのですが、そのうちに本が出てくると、直接人にいわれるより、本の方が本当らしく思えてくるのです。

　でも、これも違うかもしれないということになってきて、今から500年ぐらい前です。優れた人でもないし、優れた本でもなくて、自然という書物を直接読め、という人が現れた。ガリレオです。

　自然という書物を読む。つまり、書かれた書物というのは、確かに人間の言葉で書いてある。だからわかりやすい。でも、自然の書物に書かれている言葉は、人間の認識した言葉によって書かれていないから、本当かどうかわからない。自然についての本当の真実は、自然自身という書物に書かれていることだから、直接自然自身の言葉が読めないといけない。

　それが科学の始まりですね。その直接自然のことばを読む方法、それが実験です。

　だれでも科学できる。とくに偉い人でなくとも。しかし直接、自然自身から学べ。真理は実験で決まる。だから実験せよ。その仲間と学会をつくれ。ガリレオはそういった。そういって近代科学が始まったのです。

第5講　科学する授業になっているか

　これは、科学の方法ですね。真理発見の根本原則。真理は自然自身が決める。人や本から離れて、自然自身から直接、学ぶ。究極の真理の判定は、自然自身に聞いて決めることです。
　しかし、自然は、人の言葉で語ってくれない。そうすると、ものいわぬ、自然の言葉を読み取るということが必要になる。この自然の言葉を読み取るという営みのことを、「実験」というのです。

お母さんの本能的実験
　ものいわぬ自然の言葉を読み取る方法。実験というのはどういうことか。
　これを例えば、ものいわない赤ちゃんの言葉を、お母さんがどうやって知るかで考えてみます。お母さんは本能的に実験をやっています。ものいわぬ自然の言葉を読みとるには、実験しかありませんから。
　ギャーギャー赤ちゃんが泣いた。何をいっているかわからない。でも、赤ちゃんが、ミルクが欲しいのか、おしっこで、おむつがぬれて気持ち悪くて泣いているのか、それがどうなのかと、お母さんは思う。で、どうするか。おしっこかな、と思ったら、おむつの所に指を入れてみる。ベトベトに濡れていた。「ああ、これは」とおしめを替える。取り替えて、赤ちゃんがニコニコして泣きやんだら、「やっぱり、おしっこだったんだ」と思うでしょう。これは実験です。
　つまり、ものいわない赤ちゃんの言葉を、お母さんは本能的に知る手段を知っている。実験は人間の認識の手段ですから、基本です。その基本は何か。自分の予想を確かめる。自然に働きかけて反応を見る、ということです。

第2章　良い理科授業づくりとその評価基準

　実験とは何かというと、自分の予想を確かめるために、自然に働きかけてその反応を見ることが実験なのです。ただ単に観察することを、実験とはいわないです。だから、予想のない実験はないのです。

　赤ちゃんはなんで泣いているのかな。そこで前もって泣いている理由をお母さんは予想します。おしっこかな。そう思わない限り、おしめの中に指を入れないのです。おしっこかなと思って指を入れて初めて、ぬれているという現象に直面し、おしっこかなという自分の認識が正しい証拠になるわけです。だから、ミルクが欲しいのかなと思ったら、お乳をあげてやることになる。そうしたら、ニコニコした。お乳をやっても、おしめを替えても、むずかったら、これはなにか変だ。病気かなと思うでしょう。

　常にギャーギャー泣いているのが赤ちゃんの言葉です。けれどもその赤ちゃんの言葉を、お母さんはちゃんと察知するわけです。そのためには必ず、自分の予想をたて、確かめて、その反応を見る。そして人間の言葉に翻訳して理解する。これが実験なのです。

　よってこの実験ができるには、予想を生む感性が要るわけです。この感性に基づく予想を論理的な仮説としてとらえ、それを確かめるために、ものいわない自然に聞く。つまり何らかの働きかけをして、その反応を見る。人間の言葉で予想し、自然に働きかけ、自然の反応を、人間の言葉でとらえなおさない限り、自然からは何も学べないのです。

　ただ机をトントン叩いても、それはただ叩いただけです。ただそれだけでは机は何も答えません。しかしこの言葉を聞こうと思ったら、何のために叩いているのか。何を求めるために叩くのかの事前の予想と、当時までに獲得した自然観が要ります。

　たとえば地球を叩いて地震を起こせば、地球の内部が分かります。内部に核があるとかマントルが対流しているとか、そんなことがどうしてわかるのか。地震を起こしたときに、地震波のスピードが変わることによって、どこかで反射したり屈折したりしますね。それをコンピュータで解析しながら、「あ、ここの部分に密度の違う部分がある、

第5講　科学する授業になっているか

温度が違う部分がある」ということで解析して、温度分布の違いから、ここは液体があるとか固体があるというのがわかってくるわけです。

　お医者さんが聴診器を持っています。ポンポン叩きますね。叩いて内部の音を聞くわけ。この辺はザーザー音がする。その音を聞いて、血管の状態だとか呼吸の状態とか、いろんなことを知ることができる。別に買わなくてもいいから、本屋さんなり図書館に行くと、医学の本があって、聴診器の診断の仕方が書いてある。それを見ていると面白いです。「あ、そうなのか」と思います。体の内部の状態によって音が違う。その理由が、そうなのかとよく分かる。ただ単に聞いただけでは、なにも読み取れません。

　木があって、木が維管束のところで、水を吸い上げるときの音がジージーと聞こえます、とものの本に書いてあった。そこで木に聴診器を当てて、水を吸い上げる音を聞いてみた。しかし、それを学校内の木でやると、自動車の音がワーワー聞こえるだけで、全然木の音なんか聞こえない。そこで意を決して、人里離れた郊外のキャンパスで深夜、全く人が通らない、車が通らないときにやってみた。そうすると、不思議な音が聞こえるのです。感動ですよ。そういうふうに、自然の言葉を聞こうと思ったら実験をしないといけない。

　ということは、偉いのは人間ではない。先生の権威ではない。本の権威ではない。大自然という、本当の自然の権威に従ってその声を聞き、ものを考える。だから、真理の究極の源泉は人とか本ではなくて、自然自身だということをはっきりさせた人が、ガリレオ・ガリレイです。従って、ガリレオ・ガリレイは近代科学の父なのです。女の人だったら近代科学の母になったかもしれないけれども、彼は男の人だったから、父になったのですね。

　ガリレオがいったのは、真理は実験で決まる、です。従ってもめたら実験する。マルティン・ルターという人がいます。彼は地動説に反対しました。その理由は非常に簡単です。彼なりの論理は納得できます。マルティン・ルターはこういう。

「地球は回っていない、なぜならば聖書に書いていない」彼にとって、本が真理の源泉ですね。これを原理主義といいます。

しかし読み取ったつもりでも読み取れないことがある。人間のやることですから。赤ちゃんは病気なのに、ミルクだと思ってすませていたが、赤ちゃんが泣き続け、ぎりぎりになってあわてて病院に駆け込んでいるお母さんがいたりする。これは、真理は実験で決まる、とすましておれない。危ない。そこでガリレオ・ガリレイは、真理は実験で決まる、そして、真理は誰でも追求できる。でもその代わり、学会を作りなさいと。実験学会を作ること。仲間での集団での吟味をすべきことをいっています。

実験学会というのは、何が本当かは学会長が決めるのではない。学会の主催者が決めるのではない。真理は実験が決める。そういうことを共通の前提にした人たちの集まりを作りなさい、と。それを学会というのです。

学会ができた。ガリレオは世界で最初の実験学会を作った。アカデミア・デル・チメントという。それを聞いて世界の多くの若者が、「そうだ」といったのです。ミルトンというイギリスから来た若者が、望遠鏡をガリレオとともに見た。ガリレオは、もうほとんど目が見えなくなっていた。緑内障なのか、太陽を直接見てほとんど目が見えなくなっていたのか。でもガリレオは、ミルトンとともに望遠鏡をみて新しい宇宙の話をした。ミルトンはこれに感動しイギリスに帰って、イギリスの学会を作りました。アカデミーはオランダにもできました。フランスにも、メルセンヌアカデミーができる、という具合に世界中に実験学会がひろまりました。

日本は、長崎を通じて、オランダを通じて、蘭学者たちが自分たちで勉強会を始めます。それが日本の近代を準備していきます。日本もまた何百年も前から、多くの若者が未来を夢見て、アカデミーを作ろうとしたともいえます。

これが近代科学の出発点です。真理は誰でも追求できる。その代わ

り、素人でもいいから、学会を作ろう。これはクラスの中で何が本当かを追求できる、よい仲間を作りなさいということでもあります。一人の実験は見間違い、考え違いもあります。

だから実験をしながら、仲間と議論して、何が本当かを、先生とともに自然の言葉を聞く雰囲気を作っていくということが、本当の科学する授業になっていきます。これが科学の態度です。そういう態度の文化の中で、理科の授業をつくっていくということが、科学する授業の基本になります。

科学的考えとアカデミック・フリーダム

その次に、②科学のものの考え方とはどういうことか。

僕がこの話をすると、ほとんどの物理学者も化学者も生物の先生も、ほとんどのサイエンティストは、その通りだ、というと思います。

でも「そういわれればそうだな」ということになってしまうところが、問題といえば問題なのです。しかし反対する人は一人もいない。当たり前の話をいっているのですから。あまりにも当たり前すぎて、自覚していないで、いざとなると、どうなのだったかなと思ってしまったり、自分のやっていることの意味を、あまりサイエンティストは自覚していないです。しかし500年前は、当たり前でなかったのです。真理は人が決めていた。

③科学的態度、のつぎに大切な、二番目の②科学の考え方、とはなにか。

意外に思われると思うかもしれませんが、

　　自由・勝手

ということなのです。

科学的には、こう考えなければならないと、もし学会が決めたら、学会ではないのです。日本物理学会が、日本化学会が、あるいは生化学会が、生態学会が、考え方を決めたら、もう学会ではなくなって、死んでしまいます。それは宗教団体です。学会というのは、考え方を

絶対決めません。あるいは少数の人間、たった1人でも、多数の人間と違う考えでも、必ず学会発表はできます。学会発表を、大勢と違う考え方だからといって禁止したら、それは学会ではないです。

これを何というかというと、アカデミック・フリーダムといいます。

学問の自由ということです。つまり、考え方を強制してはいけない。どんな考え方も、自由に出せなければいけない。だって、真理は実験で決まる。自然自身に聞いて決まるわけだから、どう予想を持つかは、自由なのです。予想の持ち方を強制したらいけない。こういうふうに意識して予想をしなければならないということを強制したら、本当に自然の言葉を自由に、また多様に聞けなくなってしまいますし、定説を打ち破る新しい考えもでてこなくなってしまいます。

ただ、これが本当に自由・勝手でいい、と堂々といえるのは、その代わり真理は実験で決まると確信しているからです。あくまでも考えですから。本当だ、とはいっていないわけです。仮説の提起です。考えは自由だけれども、本当かどうかは実験で決まるのですから、学会では、その立証が厳しく問われます。

赤ちゃんがぐずるのは、「おしっこかな」とか「お乳かな」と考えるのは勝手です。自由だから。でも本当かどうかは、赤ちゃんに聞かなければいけない。聞きもせずに、そうだと断定してはいけない。

従って、クラスの中で馬鹿な考え方をいってもいい、間違えても先生は怒らない。そういう雰囲気を作らなければいけない。そうしないと、本当の科学の、自由な創造的な、未知な、新しいものを発見したり、作り出したり、考えたりできる面白いクラスにはなりません。

自然をみながら、感性でも妄想でも馬鹿なことでもいえるような雰囲気のクラス。そういう楽しい誰でも参加できるクラスを作ってあげます。そういう自由な雰囲気の中で、多様な、思ってもいない面白い考えがでますから、実験の授業は発展的で、楽しくなるわけです。

そして、新しい深い発見、新しい現象を見つけて、「えっ、先生、こんなことあるよ」「ふうん、先生も知らなかったね」といいながら、

第5講 科学する授業になっているか

「何でだろうね」といったり、「ああ、違う」とかいいながら、脱線しながら、しかし時間がなくなったら、「また次の時間にやろうね」とか。あるいは授業が終わってから、「じゃあ、ちょっと授業後にやってみようか」と。こういう話になってくるといいですね。

　生徒がそうなったら、もう先生の教え方が多少まずかろうと、うまかろうと、面白いなら自発的に勉強する生徒がでてきます。中学生以上なら、まず先生の多少の教授技術は吹っ飛んでしまう。自分で勉強し始めますから。そういう子がクラスのリーダーを務め始めるとなおさらですね。

　ただそのとき、あの先生は自分を認めて、そういうものを励ましてくれたかどうか。まさにこれは先生の教育についての根本的な考え方の問題です。先生が、科学に対する根本的な考え方を持っているかどうかが大切です。

　個々の知識を分かりやすくかみ砕いて教えるかどうか。もちろんそれは大切です。しかし先生は、それ以上の、もっと大きなこと、根本的なことをしっかり見つめていなければならない。それは、人を育てるということです。

科学的見方と自然観

　最後にもう1つ。では、①科学のものの見方、はどうか。
　これは自由ではない。「見方」というのは、「診方」と書いたりもします。診断の仕方といった意味です。これは人類が、もの心ついたときに、なにからなにが変わったかを考えれば、わかります。ミュトスからロゴスへ、でしたね。いくら自由でもミュトスに戻ったら科学でなくなります。哲学以前になりますから。ロゴス（論理）ではなく神話による説明になってしまいますから。

　例えば、福沢諭吉という人がいます。福沢諭吉というのは、明治期に富国強兵の政策の論陣をはったりしてもいますが、科学の歴史を勉強しますと、日本における理科教育の歴史のなかで、日本は読み書き

そろばん、科学が基礎だと、100年以上前にいった人です。日本が文明国家になるためには、自然と対話する力がいる。自然から直接さまざまなことを知るために、科学教育をちゃんとしましょうといった人です。つまり科学リテラシー教育の日本における元祖ですね。

やっと、今、科学リテラシーの時代といって、すべての人たちが、自然の言葉を聞き、その言葉を学び、その自然観と基本法則に基づき、人間と自然の関係を建設できるようにしましょうと、大きく世界が、かじを切る。いまはそんな大きな歴史の転換点にあります。

福沢諭吉という人は、もともと蘭学者です。蘭学者というのは、長崎を通じて、ガリレオの伝統が日本に入ってきた場所なのです。だから、基本的に彼の考え方は最初から世界とつながっていたわけです。ちょうど、フランスやオランダやイギリスにアカデミーを作ったのと同じように、日本アカデミーというのは、正式には明治以降にできますが、それ以前に既に非公式な形で、各藩の識者や蘭学者たちや脱藩浪士たちが、自分たち同士でいっぱい勉強していたわけです。だから科学の用語を日本語に翻訳してあった。だから明治になって、すぐ日本は日本語で科学教育ができたのです。

そのなかには、明治以前に禁制をおかして、または幕府派遣として欧米を見に行く人がでてくるし、また明治期には、国政をさしおいて主要政治家が欧米使節団を編成して、本格的に学びに行っている。諭吉はその両方に参加し、明治期最大のオピニオンリーダーになります。

福沢諭吉は、もともと、お医者さんですけれども、その当時のお医者さんに彼は何といったか。明治になってから、江戸時代にお医者さんだった人に、お医者さんの免許を与えることに賛成しなかったのです。

東洋医学のお医者さんたちは、江戸時代から明治になってもまだ、病気を診断して、薬を処方していた。でもその実績だけで免許を与えることをしなかった。

西洋医学のお医者さんを、医者の免許の基本にしたのです。今の

第5講　科学する授業になっているか

　日本でもそうです。医師免許がなくて、メスで身体を切ったら、傷害罪とか、ときに殺人罪で捕まります。けれども、お医者さんは許される。このための資格として、必ず医師免許というのがいる。
　この医師免許は、西洋医学を勉強した人だけに与えられて、漢方医には与えられないのです。それは差別だといって、最初のころは抵抗する人もいっぱいいました。それはそうですね。失職しますから。しかし福沢諭吉は、こう考えています。
　「漢方は大切だが、基本的に科学ではない。科学でないから、東洋医学を、西洋医学を踏まえたうえで診断治療するのはいいが、東洋医学だけの医者は、免許を与えるわけにいかないだろう」と。
　何で漢方が科学でないのか。
　たとえば、おなかが痛い、という症状があります。そうしたときに、漢方医はどうしますか。
　おなかが痛いときに、民間は、それはキツネがついたからだといって、お祈りして、祈祷して直そうとする人が、昔は大勢だった。それは、同じおなかが痛いという現象を見て、その本質が、キツネがついたからだと考える。こんなのは科学ではないのです。
　キツネがついたからって、どうやって証明するんですか。勝手にそういっているだけです。検証できない。検証しようとすると抵抗する。そういう見方では困るのです。1日中、患者のまわりで火を焚いて踊り、榊で体を叩く。それで死んでしまった人も、いました。
　諭吉は、たたりがあるといわれた神社のお札を、足で踏んだことがあります。でも何もなかった。そういっています。これは彼なりの実験です。文明の誕生期のギルガメシュ王と同じ行いです。かれは迷信を、科学的に否定しています。
　では、漢方医はどうか。「おなかが痛い」「ああ、そうか、この人の体質は何とか体質である」あるいは「かつて、こういうことがあったから、こうである」とか。従って、「何とかと何とかを調合して、飲みなさい」といって飲ませるわけです。大抵は治るのです、確率的

第2章　良い理科授業づくりとその評価基準

には。大抵はどうということない。おなかが痛いだけですから。

　でも、ガンだったらどうしますか。あるいはもっと別の病かもしれません。そんな原因は、漢方は追求しないのです。だから科学ではないと諭吉は考えた。当時の漢方は、おなかが痛いからといって、何で痛いかその原因は、全然追求しなかったのです。原因を追究しないのでは、科学といえるかと考えた。

　明治のころ森林太郎（森鴎外）という西洋医学重視の国策の中心人物がいました。当時、日本は脚気が軍隊で多発しており、問題になっていました。かれは西洋医学の基本に基づき、原因として彼の予想、脚気菌を探そうとしていました。しかし脚気は、ビタミンBの不足によっておこる病です。麦飯の中にビタミンBが含まれていたのです。しかし当時まだその原因はわかっていませんでした。

　これを海軍はその疫学的統計的手法を利用し、白米ではなく麦飯を食べると病が減ることをつかみ、脚気の減少に貢献します。原因はわからないが、麦飯をとるべしとして。しかし鴎外は、この方針は原因を追究していないから非科学的であるとして評価しなかった。彼にしたがった陸軍は日露戦争で、白米を送り続け、半数以上の戦死者を脚気で失うことになります。

　疫学的統計的手法も、科学です。原因がわからなくても、医学的に対処する、科学的方法はあります。今日、そういう手法は大切さを増しています。そういう意味では、漢方もそうかもしれません。しかし当時の国策はもっと急進的でした。

　科学とはどういうことかというと、人間の体の中が、どういう仕組

第5講　科学する授業になっているか

み、構造になっているのか、どういう生理で動くのかを、基本的に知らなければならない。しかし当時の漢方医は、犬やらイタチの体の構造の絵をもとに人間を治療していた。

　昔、杉田玄白という人が『解体新書』を翻訳した。オランダの原書『ターヘル・アナトミア』は、完全に人間の体の解剖が書かれたものです。日本の漢方書の図は、犬かイタチか分かりませんけれども、全然違っていたわけです。それで平気で、誰も人間を解剖しないのです。他の動物からの推定を図にしている。中がどういう仕組みになっているかも知らなくて、それに対して、これでは困るという問題意識がまったくない。おなかが痛いとか、頭が痛いとかいわれても、何で痛いか、その原因を追求しないのです。追究出来ないともいえます。

　どういう体質だとか、今日のお天気がどうだとか、気がどうだとか、陰と陽がどうだとか、ほとんどお祈りとあまり変わらないような陰陽五行説に従って診断をしていたのです。診断の仕方が、間違っているわけです。

　だから、当時の漢方は、東洋医学は、科学ではないから、医者の免許を与えない。さまざまな経験に基づいて、こうするといいよ、というのは経験則であるから、それは利用するのは構わないけれども、一番の基本としての免許は、原因を、目に見えない人間の体の仕組みと生理の理法に基づき、解明しつつ診断するものにのみ与える。

　原因がわかったからといって、直せるとは限らない。生き返るとは限らない。ごめんなさいね、といって南無阿弥陀仏になってしまうかもしれないけれども、原因に基づく研究は、年月を経れば、医学では科学として良き治療法を進めることができる。原因を追及しなければ、基本的に、別の人の治療の参考にならない。

　だから、ものの見方というのは、大変大切です。これは何かというと、自然の目に見えない基本構造と理法です。自然の目に見えない基本を、自然観といいます。人間が、おなかが痛くなったり、足が痛くなったりするのは、キツネがついてなるのだという人間の見方や、悪

魔が取りついたから病気になるとか、そういう見方や、人間の気質が陰と陽と何とかがバランスが崩れてなったという見方は、近代の自然が要求する見方と全然違うのです。

　自然観が全然違うのです。自然観が全然違えば、同じおなかが痛いといっても、どうしたらいいかという方法が、全然違ってきてしまうのです。正しく、どう診断したらいいかには、なぜかという原因を、もちろん追求しなければならない。

　でも、原因を追及することによって、まず自然がどういう仕組みでできているのか、人間の生理がどういう理由でできているかは、ちゃんと勉強しておかなければいけない。人間の体の仕組みも生理も研究せずに、何で治せるのか。

　科学的ものの見方。これは勝手ではないです。ちゃんと明らかにしたことは、ちゃんと勉強しなければならない。細かいことは研究しないといけないけれども、もう既に明らかになった確定したことがあるのです。それはちゃんと勉強しておかなければいけない。

　だから理科は、ちゃんと、ものの見方の元、自然観と基本法則は勉強しないといけないわけです。これをいい加減にしたら、いくら考え方が自由で、いくら実験をやっても、予想によって自然から自然の言葉を引き出せない。

　理科は一言でいえば、自然の言葉がわかる子を育てることです。自然の言葉が分かるためには、予想を持って自然に対して問いかける。予想をたてて、何が本当かを追求するわけです。何が本当かを追求できるためには、ある予想が正しくなくても、問いかけのし方は、正しい必要がある。正しい予想の周辺である必要がある。この話の言葉でいえば、自然の基本の姿、自然観、基本法則が分かっていないと、予想が適切にうまれないので、追求できないということになりますね。それが①科学的なものの見方ということです。これらが科学する授業で大切なことです。

第6講　認識の変革があるか

生徒が自立して動き出すとき

　今日は「よい理科の授業の条件」の3番目の話です。よい理科の授業の仕方は、私たちが授業をするときに、いつでも3つのことを頭に置いて授業を進めたいと思います。

　1つ目は学びあいがあるか。一言でいえば、生徒の「参加」があるかどうかです。つまり生徒側からいえば、楽しいこと、自分自身がその授業の中に入り込めて、自分がわからないことが素直に出せるか。そして一緒につくっていく感じがするかです。自分たちの疑問を解明してくれているという気がするということが大切です。

2つ目は、科学する授業になっているか、つまり実験があるかです。理科の授業ですから科学です。理科の授業で大切なのは、直接自然の声を聞いて授業することです。3時間あって1時間しか実験をしなかったとしても、その1時間の実験が、その前と後の実験のない授業と基本的にはつながっていなければならない。つまり、常に実験というものが授業の中心に座っているような授業をするということです。

　3つ目が、今日のお話です。3つ目のポイントは認識の変革があるか。授業のねらいが絞られているかどうか、です。つまり「授業で本当に教えるに値すること」を、生徒にとってもそれが明確になっていて、教えているかです。

　「学習指導要領に、このように書いてあるから」とか「学年でやることになっているから」とか、そういうようなことは無視できないでしょうが、それとは別に、先生がその生徒に対する願いとして、これはやはり大切だな、と思うことをしっかり教えているかです。

　では、よい授業の条件、本当に教えるに値することは何だろうか。それをちょっと考えてみましょう。教えるに値することというのは、一言でいえば、生徒が自立して学ぶようになることができるポイントを押さえるということです。

　いつまでも先生がいうことを覚えて吐き出すだけだったら、それは本当の授業にならないですね。本当の授業というのは、それを学ぶことによって、先生がいなくても、生徒が自分で歩けるようになる何かを、ちゃんと与えることなんです。

　よく「あの先生のおかげで、何ができるようになりました。ありがとうございました」なんていうことがありますけど、あれは、どうなんでしょうか。先生は、そんなことをいわせてはいけないのではないか、と思います。つまり先生は、消えなければいけないのではないか。先生が消えて、自分が、生徒が、自分自身でできるようになった。そう感じられるような授業であってほしい。

　そういう意味で、生徒に自立してもらうようになるポイントが押

第6講　認識の変革があるか

さえられるかどうか。それが教えるに値することです。それはどういうことかを、今日、お話します。そのためには、生徒の認識の変革をねらいとするとともに、それが生徒の学ぶ主体の自立した行動にどう結びつくかが問題です。このつながりの話が今日のテーマです。

珪化木の話

　こんな話があります。私が、昔に聞いた話です。小学校の理科の先生をされて、いまは退職された先生ですが、その先生が昔、ある研究会で、夜中に、ナイターと称して、参加者でいろいろな話をしていました。

　そのときに、お互いに何を話したか。自分はどうして理科の先生になったのか。その思い出話をしました。その先生は、自分が小学校高学年のときのことが忘れられない、といわれました。

　小学校5年生くらいかな。そのときに、ある先生に出会った。その先生が、すごくよかったんだそうです。その先生が自分に珪化木を見せてくれました。珪化木って、知っていますか。木の炭素がケイ素に置き換わって、いわば木の化石になったもの。これを珪化木といいます。化学的にいえば、CがSiに置き換わっているわけです。これを小学校5年生のときに見せてくれた先生がいたのです。

　後に理科の先生になるその子どもは、びっくり仰天したわけです。みかけは木に見えます。だけど、触ればコチコチいうし、どう見ても石なんです。自分の石というイメージと、木というイメージは全く別のものです。別なのに、木が石になっているわけです。びっくり仰天した。「これは、木が石になったからや」と先生がいったんですね。

　問題は、そこからなんです。そのときに「木が石になった」と先生がいったから、その子はびっくりした。「じゃあ、グラウンドに落ちておる木を埋めたら、石になるん？」と、その先生に聞いたんだそうです。その子は、いまその交流会で昔話をしている、いまは退職した小学校の先生ですね。

そしたら、その先生は、どう答えたと思う？　君たちが、もし先生だったら、どう答えますか。「グラウンドにある木をそこに埋めたら、石になるか？」と聞かれた。君たちが先生だったら、どう答えますか。

私がこの話を聞いたときに「川勝さん、どう答える？」といわれて、ウーンと考えて「そうだな『なるかもしれんけど、めちゃくちゃ長い時間がかかって、すぐには石にはならんかな』というようなことをいうんじゃないか」といったんです。何十万、何百万年いやもっとかかるかな、というようなことを、そのときにいったと思うのです。

ところが、そのときの先生は、何ていったと思います？　一言「なる」といったんだそうです。

「石になる？」と聞かれたこの先生は、一言「なる！」といいました。私なら「何万年たったらなる」とか「急には、ならん」とか、ゴチャゴチャいっていたんです。それが科学的な説明だと思って、僕はそう説明するような気がします。

そうしたらその先生は、そういう説明を一切しなかった。一言「なる！」といって、ニコッと笑ったんだそうです。この子は「そうか」と思ったんです。それで、すぐ埋めたんだそうです。「なる！」といったから埋めたんです。グランドに棒を。そして翌日掘り返したら、なっていなかったわけです。それを先生のところに持っていって「なっとらん！」といった。すると、先生はどう答えたか。

「川勝さんなら、どう答えますか」、どう答えるかといわれて、今度もとまどいました。どう答えたらいいのだろう。

「なっとらん！」と生徒がいってきたとき、その先生は何といったか。「いまになる！」といったというんですよ。「いまになる！」といったんだって。

「先生、なっとらんよ」といったら、この先生は「いまになる」といったんです。そこでその子は、また埋めた。また掘り返した。2、3日たって、先生のところに持っていって「なっとらん！」とまたいう。今度、先生は、何といったと思う。

第６講　認識の変革があるか

　「なっとらん」と生徒がまたいってきた。そしたら今度、先生は「ふーん」といっただけなんですって。そのときその子ににっこり笑って「まだ、なっとらんな」といって、また埋めました。
　この先生、嘘をいっているわけではありませんよ。「いまになる」というのは、嘘ではないです。何万年、何十万年以上はかかるんですよ、きっと。だけど、嘘はいってないです。いまになる、急にはならない。急にはならないけれど、「やっても無理だ」ということはいわないんです。もしいったら「だったら、やめる」ということになってしまいます。この先生は、そんなことをいわないんです。「いまになる」。そしてごちゃごちゃ説明しない。
　それで結局、何度も何度も埋めたり埋め戻したりをやっているうちに、その先生と生徒は仲良くなります。ダンゴムシを見つけたり、化学実験の手伝いをしながら。それで理科が大好きになりました。だんだん大きくなって、中学校に行って、化石になるにはすごく長い年月がかかることが分かるようになりました。そのときその先生が、ますます大好きになったそうです。
　しかし、なぜ、その先生が大好きになったのでしょう。いまから思うと、自分が「木をグランドに埋めたら石になるか」そう聞いたとき、先生は「なる」といった。その一言でやろうと思ったわけです。木をグランドに埋めよう。これは、科学で最も大切な何に相当します？これは「実験」です。
　「本当か？　石になるの、先生？」といったわけです。それを子ど

もは、子どもなりに確かめようと思ったわけです。それを一緒になってやってあげたわけです。「結果が見えてるから、できんな」なんていわないんです。一緒に「ならんな、ならんな」といいながら、しかしなるはずだと思いながら。しかしそういう研究はごまんとあります。世の中の8、9割の研究は、そういうことばかりです。すぐにはならないでしょう。なると思ってやっているけれども、ならない研究がいっぱいあるわけです。その中で、まれに、ごくまれに、面白いことを見つける。それが研究です。

　ここで重要なのは、一緒にやってあげたことなんです。子どもの願いをそのまま認めて、一緒に願いに基づく行動をする。子どもが一緒に何かしたい、実験をしたい、確かめたいという科学の最も大切な芽を、その先生は摘まなかったのです。

　科学的説明をしてしまったら、摘んでしまうことになるかもしれない。子どもにとっては、「何万年かかる」ということは、できないことと同じですからね。「そうなのか」といって、答えを覚えるだけになってしまいます。

　この先生との出会いは、その子の一生をものすごく変えるような事件だったわけです。その先生の答えは。それで、自分は理科の先生になろうと思った。自分も、こういう先生になりたいと思ったんです。だからそれは、すごく大きな事件だったわけです。

　しかし、これが小学校低学年では、こうはいかないかもしれません。なぜその事件がそうなったかというと、年齢にも関係あるのです。5年生、6年生、中学の最初のころなど、ちょうど児童期から青年に移り変わるときです。いわば青年期です。幼児が児童・小学生になって、中高生になって、大人になっていくときです。そのころはどういう時期かというと、まだ大人にはなれないけれども、その自信はあまりないけれど、大人として自立して行動したい、しようとするように成長するときなんです。だからそばに励ましてくれる人がほしい。その人がそばにいれば、試行錯誤を自信をもってできる時期です。だからこ

第6講　認識の変革があるか

の時期は、小学校低学年中学年とちがって、それにふさわしい指導の仕方がある。手をとるわけではなく、突き放すわけでもなく。こんな指導の話は、この時期にいっぱいあります。

火の玉を見た話

　東京の大学の物理の先生で、火の玉の研究で有名な人がいます。専門用語を使えば、プラズマ物理の第一人者です。彼は、小学校5年生ぐらいのときに火の玉を見たんです。

　「火の玉を見た」といったら、みんなは馬鹿にしたわけです。「おまえは、死ぬぞ」といって、みんな冷やかすわけです。自分は見たのに誰も信用してくれない。そのことを小学校の先生にいったんです。そのときの先生がまた偉い先生です。

　さっきの先生と似たような感じです。「そうか」といって、むげに否定しないんです。「君は、どう思う」というから「不思議だと思う。あれが何なのか知りたい」といったんです。そうしたら「調べようか」といって、その先生はその子と2人で、次の日曜日に仙台の本屋さんや古本屋さんを回ったんです。火の玉のことを書いた本を探しに。でも全然ありませんでした。ないけれど回った。

　結局、でも「ないなあ」ということで、光の話とか、そういう話の本をプレゼントしてもらって帰ってきた。そのときに、この子は思った。自分がこの謎を解明してやる。

　私にも似た経験があります。同じ年ごろに担任の女の理科専攻の先生が結核で、長期間お休みになった。そこで子供たちでお見舞いにいった。そのとき私は台風の質問をしたら、「興味があるの？」といって、名古屋の気象台の見学の手配をしてくださいました。私は中学の中ごろまで、あのギシギシいう古い暗い階段のある山の測候所に将来勤めるのだと思っていました。

　火の玉に戻ります。大きくなって大学の物理の教授になったその子は、今は、日本のプラズマ物理（火の玉）の第一人者になりました。

物質は固体、液体、気体、そしてもう一つの状態がプラズマです。宇宙の99％以上は、電離ガスの状態で存在します。そのときに、自分はあの謎を絶対、解明してやる。みんなが馬鹿にして「おまえは魂を見た」とかいって笑ったけれども、自分は絶対にあれをちゃんと解明してやろう、科学的に解明してやろうと思ったというんです。べつに魂と思っていたかどうかはわかりません。自分ではそのときには分からないけども、ちゃんと科学的にも解明しようと思ったのです。

　彼は、高校生の夏休みのときに、将来の進路を考えるとき、もう1回、火の玉を観測しようと思い、山に登るんです。自分は確かに火の玉をみた。だからもう一度それが現れるかもしれない、と。

　最初に一緒だった友だちが、1週間ぐらいでダウンして逃げ帰っても、彼は、夏休みにずっとテントを張って、火の玉の出現を、山のキャンプで観測しつづけたそうです。その執念はすごいものですね。

　その執念は、いまから何十年ぐらい前でしょうか、全国の高等学校、中学校の生徒に対して、火の玉を見たと思ったら、全部知らせてくれという、火の玉ネットワークプロジェクトをつくったんです。昔の彼のように悲しい思いをしている子供がいるのではと思ったかどうか。ところが全国の高校生や中学生が見たといって、その教授のところに、ダッと報告してくるんです。びっくりです。その結果、多量のデータによって、雷の発生率と、火の玉の発見率が、極めて高い相関があることがわかりました。つまり、雷の多発する場所で、火の玉がいっぱい発見されることが、統計的に裏づけられていったのです。

第6講　認識の変革があるか

　火の玉というのは、昔は墓場でリンが燃えてなる、といわれていましたが、それは真っ赤な嘘で、あれは空中放電である。プラズマ放電です。土蔵をそとから潜り抜けたり、人間を追いかけたり、ということが、静電誘導という理屈で説明できます。ICBMという大陸間弾道弾が、太陽風（太陽からやってくる大量の荷電粒子線）の乱れのためか、火の玉がやってくるとICBMに火の玉がピタッとくっついて制御の情報が乱れるため、当時、相当問題になっていました。

　電子レンジを使って再現する実験室実験も教授がしています。プラズマ球は、静電誘導といって、動体の中にいったん吸収されます。プラズマになって誘導される途中、導体の反対側の端に、復活してくる。そしてまた飛んでいきます。つまり導体の両端で、生まれては消えるんです。消えて生まれるんですけれども見ていると、通過したように見えます。

　静電誘導ですから、それは逃げる導体を追っかけてきます。そして追いつくと、ペタペタくっつきます。プラズマ球は、農家の板戸を通過していきます。板戸でも静電的には導体ですから、これは実験できますが、それは、昔の人にとっては、恐ろしかったと思います。

　しかし彼をその研究に駆り立てたものは何か。その先生は何もいわなかったけれど、一緒に歩いてくれた先生がいたこと、これは間違いなく大きいでしょう。

　僕も長い間、現場に先生としていた経験がありますけれども、その経験からいえば、たった１人のために、そんなことやってどういう意味があるか。そういわれがちです。でもそう思ってはいけないと思います。全員という生徒はいません。いるのは一人一人の生徒だけです。１人の人間の周りに、５人、６人の友だちがついています。その人が本気になって一生懸命、勉強したり動き始めたら、その周りの人間が変わってくるんです。クラスの中の１人が変わって、５人が変わってきます。その５人に、また５人くらいずつついてきます。５×５＝25になります。クラスの半数が変わってきます。それでクラスの

雰囲気が変わってくるわけです。その噂は伝わりますよね。「あいつ、火の玉を見たらしい」「先生が一緒に、姿を追求しに、本を探しに行ったらしい」とか「いいなあ。その本を見せてくれ」とか、「おまえはどうだ」という話になると思います。それが、クラスの中で話題になるでしょう。

　それが、ほかの授業をやっていても、影響してくるんです。それが参加、学びあいということです。そして、本を調べる。彼はもちろん、火の玉を本当にもう1回見たいと思って、山に閉じこもって、テントを張って、火の玉が飛ぶところを観察しようと思って、双眼鏡を買ってもらって夜中に一生懸命見ている。まさに、自分自身でそれを確かめようと思って動き始めるんですね。その動き始めようとする、その一歩がなかなか普通はいかないんですね。それをやる子って、やっぱりそれなりに、すごい子です。そういう子の芽を摘んでしまうのか、それとも後押ししてやるかです。これはクラスの科学文化をつくります。先生もみんなと同じように馬鹿にしていたら、その子の芽は摘まれてしまいます。また、クラスのなかに科学文化が育ちません。

ねらいはなにか

　しかしこんな偶然の事件は気をつけていればいろんな形で、わりあいよくあることですが、いつも起こるわけではない。もっと普通の授業の中で、学ぶに値することを教えていて、自立して行動するようになることが多い、そんな教材があるといいですね。それはどんなものか。そんな例として、科学教育の世界で研究されていることを挙げてみましょう。

　昔、英国の科学教育の研究者が日本に来られたとき、私がいた四国の大学で理科教育の担当の先生向けに、ミニ講演をしてもらったことがありました。そのときの彼、スコットさん（リーズ大学）は、当時、科学教育の概念形成の世界的第一者のドライバーさんのとろにいた現場の教師で、のちに彼女の後継者の1人として、大学の先生になっ

第6講　認識の変革があるか

英国リーズ大学・スコットさんのミニ講演

た人です。

　彼が話したのは、生徒が学べば学ぶほどかえって正答率が下がる問題がある。そういう問題を探して研究するとよい。そしてそれを時間をかけて克服する授業をすることが大切だ。これは成功裏に終了するかどうかはわからない。しかし、これを真に克服しようとする生徒と先生の営みが、人を育むのだ。そういう話でした。

　たとえば、ちょうど、この小学校5年生くらいでどういうことが起こるか。スコットさんは粒子概念の形成の例でこれを話しましたが、今日は算数でいいます。全長24センチのひもが、2本あります。1本のひもで正方形をつくります。もう1本のひもで正方形に近いけれど長方形をつくります。そして「どっちの面積が大きいか？」と聞くんです。

　君らは、大学生だからね。簡単に計算できますね。例えば、1辺が5センチと7センチの長方形なら5×7＝35平方センチメートルです。周の長さはもちろん24センチです。同じ周の長さ24センチでも、1辺6センチの正方形なら36平方センチメートルです。どっちが大きいかというと計算すれば、すぐ分かりますね。正方形です。

　ところが、同じような正しい答えだけなら、計算せずに小学校1年

生がちゃんと出すのです。この問題、小学1年生は、計算なんかしません。でも大抵、正しく答えます。何て答えるかというと、「こっちのほうが大きい」と直感でいうんですね。

　このくらいの子って、われわれよりも感覚が鋭いです。見た目がそういう感じがするんです。根拠は、ほとんど見た目です。なぜかというと、「なんとなくそういう気がする」といういわば、根拠としての見た目です。つまり、勘、直感的な気づきです。

　ところが、小学校5年生ぐらいになると、最も面積の大きなものは、正方形なんですけれども、間違えるようになるんです。おそらく、正答率が数％です。自分の身の回りに、小学校5年生とか、4年生の弟だとか、あるいは親せきの子とか近所の子がいたら、聞いてみてください。たいてい間違えると思います。

　「どっちが大きいか？」というと「両方、同じ」と答えるんです。間違いです。両方同じかというと、そんなことはない。でもこの間違いは、世界共通です。ケニアで調べても、日本で調べても、中国で調べても、アメリカで調べても、ヨーロッパのイギリスでも、フランスでも、ドイツでも、世界中で調べても、ほとんど同じようなことが起こります。これなども、スコットさんがいう勉強すればするほど正答率が下がる有名な問題です。正答率が小学校5年生くらいで最低になります。

　こういう問題を時間をかけて克服することが、自立して学ぶ子に、そのスタートを切らせるのに大切です。こういうたぐいの問題を、誤認識が明確になる問題といいます。子どもは生活を科学することによって、次第に身につけていく認識が、この誤認識に結局、到達するからです。本格的な科学教育の転換のためには、これを自覚的な科学の言葉による認識に変える。この誤認識を重点にすえた授業を研究しましょう、とスコットさんはいうのです。この授業は認識の変革をねらいつつも、自立して学ぶ生徒を育てる科学教育への多くの契機を含んでいるのです。

第6講　認識の変革があるか

　しかし、なぜ大きくなるとかえって正答率が下がる問題があるのか。
　何で大きくなると、できなくなると思いますか。勉強すると、かえってできなくなる。なぜかというと、賢くなりかけているからです。つまり新しい思考方法を使いはじめるからです。
　もちろん正確には、賢くはなってないです。なってないけど、賢くなりかけています。完全になったら、正しい答えを出すだけです。君たちのように、ちゃんと計算して、どっちが大きいか答えられます。そこまでは、到達してないんです。でも、見た目だけで考えてはいない。見た目だけで、ものを判断しません。考えています。賢くなるというのは、考えているからです。だから間違える。
　間違えたのを「あんた、馬鹿だね、間違えちゃ駄目ではないの」って、結果としての答えだけを追求しますと、この子は長い目で見ると賢い子になるかどうか危うくなります。間違えることで賢くなりかけているのに、非難されると壁を突破して本当に賢くなろうとしているのを止めてしまいます。このころは大切なんです。これを「9歳の壁」「10歳の壁」というんです。
　ちょうど小学校に入って、みんな同じように学習が進んできます。しかしこの辺、4年生、5年生ぐらいから、成績がはっきり分かれてきます。できる子とできない子が生まれてきます。抽象的認識ができる子と、できない子の差にわかれてしまいます。
　そのとき「何で、この子はできないんだろうか」と、お母さんが、カーっとし始めるわけです。そこでテスト用にドリルして、答えを覚えさせるから、見かけ上はテストができるんです。でも、それは中学ぐらいから、壊れ始める。一時的な底上げはできますけれど、中学生ぐらいまでしか通用しません。ちゃんと考え、自主的に勉強しないと、本当に賢くなりませんから。
　では、賢くなりかけるということは、どういうことか。
　粘土があります。粘土は、力を加えると形が変わります。伸ばして長くしたり、まとめて固まりにしたりして、体積がいくら変わって

も重さは変わらない。変形しても重さや体積は変わらないわけです。形が変わっても、重さは変わらないから、物の量が変わらない、そういうことが分かってくるんです。

　例えば、底面積の小さいメスシリンダーと、大きなメスシリンダーがある。同じ量の水を、それぞれ、交互にこの中に入れます。そうすると水面の高さが違ってきますよね。底面積の小さいメスシリンダーの水面の高さは、底面積の大きいメスシリンダーの水面の高さより高い。ところが水の量は同じなのに、生徒は「こっちはたくさん。こっちは少し」と最初は水の高さを見て答えている。何度も入れ替えているうちに、水の高さが違っても水の量はおんなじだと思うようになるわけです。

　見かけの高さだけで判断していた生徒が、水の量に底面積もかかわりがあることに気づきます。その高さと底面積の両方で、体積が出てくることが分かってきます。つまり、両方考えるという頭の働きが出てくるわけです。その積の一定値が、保存量の認識です。

　2つの量やことがらを同時に考えるようになれるのが、大体このぐらいからです。そして2つの量を同時に考えなければならないと出てこない量が、この辺からいっぱい出てくるんです。

　たとえば密度というのは質量を体積で割ると出てきます。あるいは、速度というのは距離を時間で割ると出てきます。いろいろな物理公式みたいなものが書かれていますけれども、そのころの子にとってそれらはみな難しいです。でも難しさの構造は皆同じです。2つの物理量を同時に考えなくてはならないからです。

　1つの速度が分かるためには、距離だけでなく時間も同時に考えなければならない。物理には、そういうものがいっぱい存在している。しかしながら中学ぐらいになると同時に考えられるようになるし、考えられなければならない。

　ひもの話に戻ります。この場合、全長が同じ長さのひもです。ひもの長さが同じだから、周の長さも同じだから、変形しても面積は同じ

第6講　認識の変革があるか

なのではないかと、世界各国、ほとんどの子どもがそういうふうに思うようになります。ちょうど、粘土がいくら変形しても同じ量なら体積が変わらないように、周の長さが同じだったら面積も同じなのではないかというふうに考えるようになります。

　つまり、間違えるのは類推という思考手段をつかい始めるからなのです。

　類推という手法は、人間がものを考え予測する基本的な思考手段です。抽象的な思考手段の第一歩です。

　「これがそうだったから、あれもそうではないか」、正しい保障はなにもないですが、予想は出来ます。「これがこうだから、これもそうではないか」ということを考える。この類推という思考方法は、抽象的・理論的な思考で、似たようなものから似たものを推測する。逆に似たようなものから違うものを、推測する思考方法だから、要は、初歩的な抽象的・理論的な思考方法です。いわば仮説を思いつくもっともポピュラーな方法です。

　そのときに、世界の大多数の子どもが間違えるのはなぜかというと、見た目と類推のどちらを優先するかという葛藤が生ずるからです。このぐらいの子どもというのは、見た目よりも自分の類推のほうを優先したくなるんです。見た目はこっちだけど、理論的な推理のほうを優先したくなるんです。これが、賢くなるということです。低学年からの見た目を卒業し始めるということです。

　直感的にはこっちが大きそうに見えても、それは見掛けであって、本当は理論的にこうなのではなかろうかと、そっちのほうを優先し始めます。そうやって考える。でも、間違えてしまうわけです。

　間違えるのは、違っているからなんです。けれども、ただ間違えたままでは駄目です。この間違えるというのは、一方で、褒めてやらなくてはいけない。そういう発想に立って抽象的思考、理論的に物事を考える始めている、ということについて、子どもたちを褒めてあげなければならない。

先ほどの「木を埋めたら、石になるか」といったとき「なる」といって一緒にやったのと同じように「ホントかどうか。一遍、ちょっとやってみるか」という具合に、同じ長さのひもを持ってきて、その中に升目を書いたり、紙を切り抜いたりして調べるということを一緒にやってみる。それが大切です。答えを教えるより。

　やってみれば「あれっ、変だな」と思うことになります。理論的なものと違うわけです。理論的に考えることは大切なんですけれども、そこで間違えてしまうのは、何かが足りないからです。何が足りないんですか。

　実験が足りないんです。つまり、ここで間違えたのは、理論的に考えるのはいいんです。これはいいことなんです。でも、確かめなければならない。現実から類推によって拡張された仮説は必ず検証されねばなりません。それを、答えを先走って教えてしまうと、自分で動く子どもにならないわけです。

　そうでないと、自立して学び続ける子の基礎経験になりません。

　そのチェックが実験ですね。

　もう一つ似た話をしましょう。

　最近は、困ったことに、日本の学校で、落下の問題をあまりやらなくなっていますが、地上でみて、大粒の雨と小粒の雨は、どちらのスピードが早く降っているでしょう。こういう問題を聞きます。世界中できいても、小学校低学年の子は、結構、正しく答えます。「大粒のだよ」、と。しかし、だんだん高学年になると変わってきます。世界的には、

第6講　認識の変革があるか

小学校5年ごろが正答率最低で「同時」と答える生徒が多くなります。

　この問題は、学べば学ぶほど間違える問題の典型例のひとつです。なぜ小学校低学年は正しく答えるか。

　どちらが早い？と聞かれて、この子たちは、現実の雨を思い浮かべます。雷雨のときの大粒の雨と、春の小ぬか雨を思い、大粒の雨の方が早いと答えます。かれらは現実を思い出し、直感で答えを出します。そしてそれはそれであっています。

　ところが小学校5年生くらいになりますと、勉強が進んできますから、小さい子のように現実の雨を思うより、先生に聞かれると、どこかで聞いたこと、本で読んだことを思い出します。それで、同時という答えが多くなります。そして間違えます。

　どちらの考えがいいのでしょう。科学ですから、現実をみて、それに照らして判断することが原則でしょう。しかし、どこかで聞いたことや学んだことは人間の視野を広げますからそれも大切でしょう。これが無いと賢くはなれませんよね。よって両者を結びつけて吟味する思考と実験が重要になります。

　こういう勉強を、誤認識の典型的な分野で（生活の科学の到達する子供の自然観で）時間をかけて、科学とはなにかを学びながら、自然観を獲得する授業を行うように努力したいものです。これが科学教育をねらいとすべき授業であり、これをつうじて生徒が主体的に動き出すように励ましたいですね。

授業にかける時間

　本当の勉強、つまり半可通の認識を吟味する授業をすること、理論的な推理と実験的検証をくりかえすこと、これは、子どもを賢くするのにすごく大切です。これは理科の理解だけの問題ではないのです。だから、欧州の国の場合、最近は、中学では理科の勉強が週に6時間もあるところが出てきました。

　小学校低学年は理科の時間は少ないです。国語とかが大切ですか

ら。自然に接触して、理科の中味も国語の中で学びながら遊んでいる場合が多いです。それが、本格的に実験しながら探究活動をし始める年齢である中学では、すべての生徒のための理科が週6時間あります。すごく重点的に理科の時間を配置していますね。ダブルアワードといって、理科は2科目相当にする。普通のカリキュラムでいうと、2科目分の時間を理科に費やしています。それは、その期間が特に人間の認識の形成に重要だからです。それでもって知的に成長する。あとは高校になって選択して、理科を取らない人が出てきてもいい。それでもいいんです。高校以降はもはや少しずつすべての人々のための理科ではなくなってきますから。

　生活体験から自分で科学しながら我流で身に着けた概念がある。それが科学の正統的な概念とぶつかると、ときに学べば学ぶほどまちがえるような問題がでてくる。これが教えるに値する代表的な問題です。理科でいうなら、生物とか、化学とか、地学とか、物理とかありますけれど、その中で特に大切な、間違えてしまう代表的な認識がそれぞれあるわけです。これを先生は勉強して学んでおく必要があります。

　例えば、湯気は水蒸気ではないとか。水蒸気は透明です。湯気は白い。だから湯気は水滴です。雲はどうでしょう。白く見えるから、そのみえる部分は水滴です。それが分からないと、いろいろなことが分からなくなってしまう。そういう典型的な間違いの認識、誤認識がいっぱいあるわけです。

　これらをなぜみんなが間違うのかというと、何かが変わってないからです。何かというのは、ものをとらえるときのとらえ方、自然観、自然の基本法則が、生活の科学的認識から、全然変わってないんです。

　子どものときの日常生活の自然観と、科学的な自然観があるわけです。これが、日常生活の自然観から科学の自然観に変わってないのです。自然観というのは、ものを考えるときの枠組みですから、そこからさまざまなことを考えていけば、たいていは当たらずといえども遠からずの話にはなりますが、日常生活から自然発生的に得た自然観

第6講　認識の変革があるか

を持っているままだけですと、意識的にいろいろなさまざまな知識を貯め込んでも、すぐに忘れてしまって、また普通の日常生活に戻ってしまうわけです。

　ただ、そこを集中的に学ぶためには、自分自身のものの見方を変えなければなりません。それは単なる、何かを知っているか知っていないかという問題ではない、もっと大きな深い認識の変化を必要としているわけです。そのためには、自分自身で本気になって学ぼうという気にならない限り、本当の意味での学習にならないわけです。そういう意味では、自立して学ぶようになるような育て方をしていかないと、根本的な自然観の変革は得られないわけです。

　誤認識の一覧をぜひ多くの先生でつくって勉強しましょう。その代表的なものは、大切にしてください。これは、重点的に教える必要がある。これは、何時間かけてもちゃんと教えてあげてください。それは、ほかを考える上でキーになるポイントですから。また人間の認識を深くするのに大切ですから。ほかは「さらっと、やってください」といってもいい。

　けれども、大切なそこの部分はちゃんと授業して、実験して、根本的にやらないと変わりません。誤認識を勉強するときのポイントは、時間をかけることです。時間をかけて、わからせることに加えて、わかるプロセス、実験も大切です。それらに時間をかけてしっかり勉強することによって、自立するようになるし、テストもちゃんと取れるし、それ以上深いこともできるようになるし、うまく育てればちゃんと面白くなる。

　では最後に、日常的な普通の授業で認識の変革をめざし、主体的に動く生徒を育てるために心がけることで大切なことをお話します。それを私は「KIGYの原則で認識ののぼりおり」といっています。この詳しい学習法は第2巻でお話しますが、今回は概要を話します。日常の授業はふつう概念形成をねらいとする授業をしています。そこで概念形成の授業の基本の教え方・学び方は何かという話です。

KIGYの原則で予測可能性のある法則を教える

　生徒は生活のなかで、友人や親や仲間のなかで、さまざまな自然の概念や自然観を身につけてきます。しかしそれだけでは科学の基礎概念や自然観に到達することはありません。ある年齢や経験の蓄積があっても、それ以上には深まらなくなります。

　ヴィゴツキーのいうように生活の体験から科学しながら学ぶ生徒の科学的概念は、ある段階以降は、科学の正確な言葉を、半わかりでも使いこなしながら、それで今までの経験や体験をとらえ直して再構成していくプロセスが必要なのです。(86頁の図参照)

　つまりこれは、生活から科学の基礎概念・自然観への、のぼり・過程と、科学の基礎概念から、生活への、おり・過程の両面の思考作業がいります。これを、認識の、のぼりおり、といっています。

　しかしこののぼりおりは、科学者の真理探究の過程と同じですから、短い時間でそれを行わなければならない教育では、人類のその過程を尊重したいと思っても、短く制限された教室や先生の指導時間で繰り返すわけにはいきません。そこでどういう探求スタイルを生徒に出すか。それを生徒とともに、どう追究するかが、教育にとって大切になります。そのときの教材の選択と教授原則が、KIGYの原則です。

　珪化木の例の教訓を考えてみましょう。

　この出発点になったのは、珪化木を先生が見せてくれたことでした。この教材の提示がすばらしかった。この教材のもつすばらしさは、生徒にとっての意外性（I）のある教材だったということです。

　生活体験をいくらつんでも、木が石になる体験に出会えるわけではありません。気の遠くなるような長い時間の経過のなかで、この変化がおこる。たとえば、砂が砂岩になり、火山灰が凝灰岩になる。

　しかしこの法則性を理解するのが、ある年齢以上の生徒にとっての地学への招待なのです。すべての岩石は、その起源が、火成岩か堆積岩ですから、そこから生まれるさまざまな石の、そのどれもがどのよ

第6講　認識の変革があるか

うに出来てきたのか。それを考える。そういう予測可能性（Y）のある自然観、法則理解への出会いを、この先生はつくってくださったのです。しかし地質学も科学ですから、この法則の理解にも検証がいります。

　そこでこの先生は、化石をみせるにしても、三葉虫の化石をみせたり、泥岩をみせて、これは虫や泥が石になったのだ、といってはいないことです。もしそうだとしたら、不思議に思っても、この少年は行動を開始したかどうかわかりません。生徒が自分で握って遊んでいるような棒が石になった、といわれた。そこでホントかと思い、検証行動を提起したのです。「この棒を土に埋めると石になるか」というこの問題提起の原則を、具体性（G）の原則といいます。この原則は、生徒でも科学できる、検証可能（K）な課題提起をするという意味ですから。よって先生の解答も、「なる！」になるでしょう。すごく長い時間のギャップを経てですが。

　この先生と生徒は、数年間の長い時間の検証行動で、棒は石にならなかったけれど、ほかの科学者の研究の結果から、今になることの確信をもっていきます。検証は、他の人々とともにやるのが普通で、それに気づくことも、教育で大切なことです。

　余談ですが、富山県の黒部に宇奈月という温泉があります。黒部川の近くですが、たまたま温泉のお湯が流れているどぶに落ちた木の表面が、だいたい0.3mmくらい珪化木になっていることが、発見されたそうです。表面の炭素が、珪素におきかわったのです。ある温泉成分によって菌がつかず、木が腐ることが無い状態で、温度が高いためどうも急速に珪素が浸透し、およそ数十年で表面に薄い珪素の層ができることが発見されたと、ある雑誌で報道されていました。もしこれが本当ならすごいことですね。なる！　というのはそういうこともあるのか。自然を甘く見てはいけません。自然は何をしでかすかわかりませんから。

　火の玉の少年はどうだったでしょう。まずビックリしました。自分

と周りの人々の、自然観に関わる体験をしました。これは意外性（I）のある体験ですね。でもこの体験は自分だけが見た。ほかの人は見ていないのです。その体験を先生はむげに否定せず、彼のその体験をともに確認する行動をしてくださいました。でもそれは確認できなかった。

しかし彼はそれに励まされ、次の行動にでます。それがほんとうにあるか確認する。だから高校のとき、彼は一人ではなく友人をつれて山にこもり、火の玉を見つけて、その事実を共有しようとしたのです。この彼の態度は科学的な検証（K）行動です。そしてその活動は、探究活動の具体性（G）のあるテーマです。火の玉を見つければいいわけですから。

そして彼が見つけようとして行った所は、どこでしょう。当時、有力な説として、火の玉は、土葬した死体からでるリンが燃えるのではないか、といわれていた。しかし彼が行ったのは、そんな墓場ではありません。山です。彼の頭は、すでに旧来の自然観から離れて、火の玉が何かの自然現象ではないか、という仮説を持っていたようです。その仮説は、いまとなってはプラズマ球であることがわかってきましたが、プラズマは宇宙の大部分を占める基本物質。自然現象の謎を考える上で不可欠な存在ですね（Y）。この本質にむかって彼は突き進みます。この本質は、火の玉の不思議な現象、人を追っかけてくるとか、家の閉まった戸を通り抜けるとかのさまざまな謎を、統一的に説明してくれるだけでなく、もっと大切な地球と宇宙のなぞをいっぱい解明してくれます。本質は、予測可能性があるからです。

教えるに値する内容を追究する授業の教材構成の条件として、私は次の4つの原則を考えています。それをKIGYの原則（キジーの原則）といっています。Kとは検証性。Iとは意外性。Gとは具体性。Yとは予測可能性の略号です。

教えるに値する内容で大切にしたいのは、生徒の誤認識を克服して生徒の認識の変革をもたらす内容です。教えるに値する内容とは、そ

第6講　認識の変革があるか

れを学ぶことにより生徒が自立して考え学んでいくことができるようになる教材。生活のなかから身につける基礎概念から、高いレベルの科学の基礎概念に飛躍させる契機となるような内容を教えることです。この高い概念に意外性（I）を通じて早めに気づかせる（のぼる）。これを具体性（G）のある課題設定で、検証行動（K）をする（おりる）。そしてこれを通じて生活の諸概念をとらえなおす予測可能性（Y）のある高いレベルの自然観・概念を身につける。これを私はKIGYの原則で、のぼりおり、といっています。

例えばこれを珪化木や火の玉のようなまれな長時間かかる例ではなく、もっと通常の概念形成の授業構成のときの構成法をKIGYの原則で、のぼりおりするのを具体的に考えてみましょう。

先生が普通、通常の授業構成で努力しているのは、どんなことでしょう。個々の知識をばらばらに教えるのではなく、それらがつながっているということでしょう。このつながっている、という知識の構造を、概念や法則としてまとまっている、といいます。つまり概念形成や基本法則の授業を目指して努力しているということです。この授業が成功裏に達成されると、生徒の認識に、予測可能性が出てきます。

例えば哺乳類という概念を教える、としましょう。概念は必ず多数の特徴を持つ性質がワンセットになって構成されています。たとえば、①子供が乳を飲んで育つ、②卵ではなく胎生でうまれる、③体毛がある、④肺呼吸する、⑤恒温性である、などなど。これらが哺乳類概念を形成する要素、外延的定義をなしています。外延的定義とは、哺乳類てなに？ときかれたら、①や②などをあげ、そういう奴よ、と答える。そういう基本的特長をいろいろあげて説明する。これも哺乳類の本質的定義です。

一方で一言で必要十分な定義もあります。理化学辞典などで項目を引くと出てくるのは、多くはこういう定義です。これを内包的定義といいます。たとえばいくつかの例外をふまえたうえで、卵からではなく胎生で子供が生まれる動物、といい切ります。この二つの定義は哺

乳類概念の二つの定義。タテ（内包）の定義とヨコ（外延）の定義です。この両方を理解したうえで、この両者をむすび、予測可能性を生徒が身につけ、行動できる授業の教材編成をする。つまり、のぼりおりを作ります。

例えばクジラやイルカは、魚類か、哺乳類か。一見、魚にみえますが、生徒でも検証可能な具体的（G）な問いで、のぼります。クジラをテーマにしたのは、意外性（I）のある教材だからです。

そして、最初の問い。具体性（G）のある問いを、たとえば水族館で観察できる特徴、クジラやイルカの赤ちゃんは魚とはちがってお乳を飲んでいるか、にしてみましょうか。これは観察できますし、図鑑にも、のっているでしょう。クジラのお産を直接見るのは難しいでしょうから。

もちろんお乳を飲んでいます。とすればクジラは哺乳類です。とすればあとのすべての特徴があることが生徒でも予測（Y）できます。そこでそれをもとにクジラの特徴を、生徒自身で予測し、あれこれ考え、検証（K）してみましょう。つまり、一度、のぼる、ことによってあとの特長を予測させ、それを検証することによって、概念の一体性、予測可能性を理解させること。これがKIGYの原則でののぼりおり、の意味です。おりて、自分の知っている動物の特徴を、哺乳類の特徴で再整理してみましょう。また知らない動物の特長を予測して検証してみましょう。

たとえば、クジラがお乳をのんでいるから哺乳類である。それがわかったら、では当然えらで呼吸していないはずです。肺呼吸ですから、空気を吸いに海上に、かならず出てきます。そして一気に息をします。クジラの潮吹ってなんでしょう。あれは海水を吹き上げているのでしょうか。それとも息なのでしょうか。

魚は変温動物ですので、一定の温度領域でしか生きられませんから、暖かい赤道付近では海の深いところにいても、黒潮にのって、寒い日本近海にくると、暖かい海面付近に上がってきます。それを漁師さん

第6講　認識の変革があるか

は、つるのです。

　しかしクジラは、どうでしょう。南氷洋から赤道まで、世界のどこの海にも、どの深さにも現れます。なぜでしょう。自分の体温が一定だからですね。などなど。

　余談ですが、世界最初に制定された環境保護条約である渡り鳥保護のラムサール条約。これは100カ国以上も参加した画期的な条約でした。渡り鳥は国境を超えます。海を渡り干潟で餌を、おなかいっぱい食べてまた飛びます。ところが渡り鳥が、干潟の減少などで、絶滅の危機に瀕していました。そこで世界各国が協力して、渡り鳥の経路の干潟を保存し、まもることを約束したのです。

　クジラも、似たようなことがあります。クジラは哺乳類で恒温です。だから魚と違って、どの温度の海域にも現れます。だからその保存には、海に面しているすべての国の協力が必要です。これはマグロやウナギの保存とは、協力国の範囲が違います。けた違いに多いのです。国際捕鯨委員会の加盟国は100カ国近くにおよびます。委員会は、各国の文化的捕鯨を尊重しつつも、商業捕鯨はどうか、調査捕鯨はどうか、議論が交わされています。しかし国の数がおおく、捕鯨文化が多様なために、議論は大変です。しかし、この理解の背景に、科学リテラシーとして、上記の、クジラの生態の理解が必要でしょう。このようにクジラが哺乳類であることを、乳を飲んで育つことでのぼった後、いろいろな哺乳類の外延的特徴において検証する。これを行っていくと外延的な様子の特徴が、ばらばらではなく、なぜ毛があるのか、なぜ恒温かなども、胎生ということから必然的・当然のことのように思われてくるでしょう。こう思われてきたとき、つまり、おりが一定程度できてくると、やっと本当にのぼることができるのです。

　物理の例をあげましょう。電気を通すもの、通さないもの、という単元がありますね。豆球と電池で、間に、いろんなものを挟んで、電球がつくかどうかを、確かめています。しかしこのやり方では問題があります。なぜなら電気を通すかどうかを、事前に予測できないから

です。やってみて豆球がついたら通す。つかなければ通さない。これは教えたい概念である導体が、予測可能性をもたないのです。そこでこの教材を再整理してみます。

　導体とは何か、を科学的に研究すると、自由電子がある金属、イオンがキャリアーになる電解質、電離気体が電気を運ぶプラズマ、などがありますが、共通の一般的内包的定義を理解するのは、もちろん小学生には難しいです。しかし動ける荷電粒子をもった物質の状態であることはたしかです。そこでたとえば後に、徐々に拡張して理解させていくことを前提に、初歩的には（小学校段階では）、まず自由電子が電気伝導性をもつ金属を、導体の典型として教えることにします。

　金属概念は、内包的定義としては、自由電子結合をしている物質ですから、外延的には、

　　　①金属光沢、②電気伝導性、③熱伝導性、④展性、⑤延性

など、いろいろあります。

　そこでこれらの一つの特長を選んで、金属概念にのぼります。たとえば昔、広島の先生が見つけてくれた特長。ピカピカしているのは金属。これを使いましょう。これは金属光沢の存在を、金属かどうかの判断基準にしたということです。金属光沢は自由電子の存在の特長ですから本質的です。

　そこで私が昔、実践としてやったのが、仁丹は電気を通すか、という問いでした。いまはあまり使われていませんので、ケーキにのせるアラザンとかを使う手もあります。これは検証可能な具体性のある問いですが、食べ物が電気をとおすのか、という意外性のある問いです。ちなみに、この表面のピカピカは、分析すると銀です。

　ピカピカしている仁丹や、アラザンは、やって見るとマメ球はつきます。電気を通します。そこで、ピカピカしているものは電気を通す（豆球を乾電池で光らせられる）と教えます。つまりのぼります。そこであわせて、錆びた鉄板や銅板はどうかとを聞くと、これはピカピカしていませんから、つきません。表面が酸化物ですから。

第6講　認識の変革があるか

　そこでピカピカしているものを片っ端から生徒に持ってこさせて、検証します。折り紙の金紙。銀紙。箒の柄に貼ってあるシルバーシート。紅茶茶碗の金線。ポップコーンの袋の内側。ピカピカしていてつかないものでも、有機溶媒で拭くと表面に塗ってあるものが禿げるとつくかどうか。

　仁丹は電気を通すか（I 意外性）。これで基本概念にのぼります。ピカピカしているものは電気を通す（Y 予測可能性）。これを教えるには、具体的な課題（G）、いろんな生徒がもってくる物を、かたっぱしから検証(K)する必要があります。これでおりて行くのです。

　『天才と異才の日本科学史』（後藤秀樹著、ミネルバ書房）によれば、福沢諭吉は、緒方洪庵から借りたオランダ語の最新の本の電気の部分を読んで、ビックリしたらしい。自分がむかし学んだオランダ伝来の電気の本とはまるで違う。昔は、平賀源内がやったような、人をビリビリさせるエレキテルとか、それを使うとカエルの足がピクピクするとか、不思議な面白現象が、いっぱいならんでいた。ところが洪庵先生から適塾で借りた安政4年の本は、英国のマイケル・ファラデーの摩擦電気も動物電気も、電気分解もすべて、電気を帯びたイオンが起す出来事として統一的に説明してある。つまり電気が学問として叙述してある。諭吉は直ちにこの意味を理解し、適塾の塾生を集めて2晩で筆写をさせるのです。

　諭吉は明治の初め、すべての人々にとっての科学の大切さを主張し、読み書きそろばんに科学を入れ、科学リテラシーを唱えた人です。21世紀を迎えて、科学リテラシーの教育を考えるとき、電気の学習も、小学校の段階から学問としての概念形成を視野に入れた学習の研究と工夫が必要だろうと思います。

付録1

あの原発の事故は
文明の転換を迫っている
―― 学研／川勝　インタビュー ――

（「学研・進学情報」2012年2月）

　東日本大震災で発生した、東京電力福島第一原子力発電所の事故は、科学技術と社会のあり方を問う大きな出来事となった。
　私たちの社会は、原発のような科学技術と、どう向き合っていけばいいのか。また、あの事故は、この社会にどんな変化をもたらそうとしているのか。小論文入試でも、原発や科学技術について問う問題が出されるだろう。
　名城大学の川勝博先生は、科学技術と社会の関係を見つめてきた教

育学者。長大な歴史認識の中で科学技術を位置づける川勝教授の視点は、この問題を考えるときに有効な視座を与えてくれる。

(1) 科学技術が大きな力を持った
——原発の事故は、私たちの社会にどのような問題を突きつけていると思いますか？

川勝 私たち人類は、コントロールできない「大きな力」と日常的に接しているということを、あの原発事故が示しました。

「大きな力」というのは、1960年代に環境問題を提起した生物科学者のレイチェル・カーソンが『沈黙の春』の中でいった言葉です。20世紀、人類は神の力に等しい力を複数手に入れました。ほんのつい最近のことです。例えば、遺伝子操作で新しい生き物を作る。自分以外の臓器を免疫不全状態にし、移植して命をつなぐ。あるいは、一昔前までは植物しか作れなかった有機物を作る技も持つようになった。

原子力も、まさに人類が20世紀になって手に入れた大きな力です。約45億年の地球の歴史で、分子は変わっても原子は不変でした。しかし、不変の原子の理法を人間は人工的に変える方法を見つけたのです。自然が変えないように保っていた大きなエネルギーの障壁を壊し、とてつもないエネルギーを人間が取り出し始めたのです。

これらの大きな力を得たとき、人類は新たな課題を抱えることになりました。それは、この大きな力を人類がコントロールできるのかという問題です。

欧州のオピニオンリーダーの一人、ドイツの社会学者ウルリッヒ・ベックは、チェルノブイリ事故以前から原発のコントロールの可能性について疑念を持っていました。著書『世界リスク社会論』（ちくま学芸文庫）で、20世紀後半から人類は近代化の第二段階、いわばリスク社会に入っていると述べています。

付録1　あの原発事故は文明の転換を迫っている

　19世紀までの科学技術なら、万が一の事故が起きても、そのリスクは保険で穴埋めできました。しかし、20世紀が生み出した科学技術は、事故や失敗が起きたときの被害の程度は規模が大きすぎて、国のレベルもはるかに超えて、事実上は保証が不可能だと、ベックはいうわけです。

　──ようやくいま、カーソンやベックが提起していた問題の大きさが理解できるようになってきたと？

　川勝　近代の誇るべき科学技術が、地球の生態系に深刻な影響を与えている。そうカーソンが『沈黙の春』に書いたのは1962年です。この主張に多くの生態学者が共鳴し、10年後、政治家に働きかけて、1972年、スウェーデンのストックホルムで「国連人間環境会議」が開かれました。

　この会議は、世界で初めて環境問題について話し合われた大規模な政府間会合です。「人間環境宣言」が採択され、文明のあり方を根本的に変えなくてはならないと警鐘を鳴らしました。その後、20年間多くの場で「環境保全か経済成長か」という議論が繰り返されました。

　そして1992年にはブラジルのリオ・デ・ジャネイロに100以上の国の首脳レベルが集まり、「国連地球環境サミット」が開催されました。ここで、各国の代表者たちは、最終的に環境と開発について、地球規模でパートナーシップを築くことに合意したのです。最近よく聞く「持続可能な開発」「気候変動枠組条約」「生物多様性条約」などの言葉は、この会議から一般に広まったものです。

(2) 別の道へハンドルを切ることができるか

　──現在は文明の転換点にあるとのことですが、どういう意味ですか？

　川勝　人類の歴史には、かつて大きな転換点がひとつありました。それは、農業と牧畜を結合する技術を生み出し、食料を自ら生産でき

るようになったときです。それまでは、自然の中で狩猟採集をして食料を得ていたので、他の生き物に身をささげる死の恐怖もありました。それが農業と牧畜で食料を比較的安定的に得られるようになったのです。この転換点が、文明の始りです。

　これ以後、人間の数が増えても、農業と牧畜の技術を改良したり新しい土地を開拓したりして、生き続けてきました。しかしいま、地球には余裕がなくなってきています。有限の地球に開拓すべき土地はなくなり、また近代の科学技術は大量の種の絶滅を引き起こしつつあります。人類は今後も安定的に食料を得られるでしょうか。

　——この成長を求める文明のあり方に、警鐘を鳴らしたのがカーソンだったと？

　川勝　彼女は『沈黙の春』で、3つのことをいっています。1つ目は、人間も動物であること。2つ目は、先ほど話したことですが、人間がそのコントロールの可能性について原理的な課題をつきつけられている大きな力を持ったこと。3つ目は、別の道に舵を切る必要があるということです。

　カーソンは、動物である人間が食物連鎖から本当に逃れられたのかと問いかけます。人間は、植物を土台にして生きる従属栄養生物の一種です。いくら科学技術を工夫しても、他の生き物とともにある生態系の中でしか生きていけません。これが動物である基本的理法なのです。世界中で多くの種が急速に絶滅しつつある状況を放置しては、人類はもはや生きてはいけません。

　1972年に国連人間環境会議が開かれたとき、ヨーロッパの有力な民間シンクタンクのローマクラブが『成長の限界』（ダイヤモンド社）という報告書を発表しました。その内容は、このまま人口が増えて環境破壊が進めば、人類の成長は限界に達するというものでした。有限な地球の中で無限に成長をすることは、どう考えても無理なことです。

　カーソンは、『沈黙の春』でこうも書いています。いま、私たちは心地よくハイウェイをドライブしている。けれど、その先は断崖絶壁

である。この結末を避けたいなら、つらいけれどもハンドルを切って「別の道」を行かなくてはならない、と。

(3) 科学技術を軍隊のようにシビリアン・コントロール

——今回の原発事故は社会をどのように変化させていると思いますか？

　川勝　今回の問題は、私たちの国や世代だけで解決できるような問題では済まなくなりました。放射能が放出されてコントロールできない状態になって、その問題が国境や世代を超えたのです。

　おそらく、いまの政治のあり方は19世紀までに作られているので、今後だんだんと政治の限界が現れるでしょうね。この傾向は、すでにさまざまな面でも表れています。ギリシャの財政危機がＥＵを揺るがしていますが、これもある国で発生した問題が一国だけでは済まないことを意味しています。いまの経済や技術は大きな力を持ちすぎ、国民国家による政治や地方自治体だけでは、判断できなくなっているのです。

　最近、国際会議の場に出かけると、各国の代表がＮＧＯやＮＰＯから多くの情報や考えをもらっている光景を目にします。市民が自ら考え、国境を越えて問題を解決するように行動することが今後とても重要になるように思います。地元でも孤立せず、政治家や企業家、専門家とも協力する。

　特に、大きな力を持つ科学技術の重要政策は、市民が国際的ネットワークを組んで、考えを深めることが大切だと思います。国内的な決定を住民とともにコントロールできるようになるからです。

——専門家ではない市民に科学技術の扱いを決められるでしょうか？

　川勝　原発のように、大きな力をもつ科学技術の政策は、専門家だけでは決められないものです。それを市民との相談なしに決めようと

するから、専門家への不信が深まるのです。もちろん市民も、決められるように賢くならなければなりません。専門家だけに任せてはいけないのです。

例えば、原子力発電を研究開発してきた専門家は、原発をやめようとは、なかなかいい出さないでしょう。己の生活と利害が絡むからです。これは、軍事の専門家が、軍隊を縮小しようとはまずいわないのと同じです。専門家集団に関わる人が、その扱いを適切に決めることは無理です。大きな力を持つ専門家集団であればあるほど、この弊害が際立ちます。

だから世界最強といわれるアメリカ軍も、その最高責任者は大統領であり、市民から選ばれた代表です。このようにして民主社会では軍隊のシビリアン・コントロール（文民統制）が担保されているのです。大きな力を持つ科学技術もこのようにできるだけ利害関係から離れた市民がコントロールしなければ、その危険性が大きくなっていきます。

(4) 科学リテラシーとウイズダムが必要
——どうすれば、科学技術をシビリアン・コントロールできるようになるのでしょうか？

川勝 私は、科学リテラシーが重要だと思っております。時間がかかりますが、市民が科学リテラシーを身につければ、自ら考えて判断し行動する力を持つようになる。これが、専門家に情報公開と説明責任を求めていけば、やがて科学技術をシビリアン・コントロールすることになると思っております。

良い科学リテラシーには、インフォメーション（知識）、インテリジェンス（判断力）、ウイズダム（叡智）の３つが必要です。

インフォメーションとは、情報による知識のことです。情報が隠されてしまえば、市民は自ら考えることも、適切な判断を下すこともできません。今回の原発事故でも、少なくない情報が隠されました。市

付録1　あの原発事故は文明の転換を迫っている

民の義務として専門家に情報公開を求めていくことがまず科学リテラシーの基本です。でないと市民は正確な判断ができません。

　例えば、スピーディと呼ばれる緊急時迅速放射能影響予測ネットワークシステムの情報は、政府が住民に誤解を与えてはいけないと考え、すぐに公開されませんでした。そのために、もっとも汚染がひどい北西方向に多くの人が逃げて大変な目にあっています。民主国家では、市民は、自ら判断するのに必要な情報を得る権利があるし、その情報がなければ、正誤の判断ができません。メディアに期待される大きな役割は、隠されている情報を表に出すことでしょう。

　しかし、情報を得ただけでは、適切な判断は下せません。複数の情報を読み解く判断力のインテリジェンスが必要です。インテリジェンスの接頭語「インテル」は、「行間」という意味で、情報の向こう側にある意味を見抜くというニュアンスがあります。多くの情報から、なにが正しいのかを見抜く力。その意味するところを考えられる力。多様な情報を比較検討し、いろいろな人の考えを吟味して、正しいものを見つけていく力、それがインテリジェンスです。

　この育成方法の代表的なものは異なった考えを表に出し、公開の対話形式で考える「ソクラテス・メソッド」です。今回の事故を通して、ぜひ学校でも、この事故の事例を題材に判断力の訓練をしてほしいと思います。

　ただ、いまの科学では分からないこともたくさんあります。例えば、放射線の被曝量がどれだけ低ければ万人にとって安全なのかという問題は、専門家でも分かりません。インフォメーションをきちんと得て、インテリジェンスを磨けば磨くほど、むしろ適切な判断や行動にたどりつけなくなる場合もあるのです。

　——だから、ウイズダムという叡智が必要になると？

　川勝　1980年代にフロンガスを撤廃する国際条約が結ばれたのは、このウイズダムによるものといえるかもしれません。

　当時、大気のオゾンホールを大きくしている原因物質がフロンガ

スかどうかは、科学的に立証されていませんでした。しかし、その可能性は高く、もしこのまま確実に立証されるまで待っていては、オゾンホールが回復不能なほど大きくなって取り返しがつかなくなるかもしれないと考えられた。そこで、原因が厳密には科学的に不明でも、使用をやめよう。そんな話が交わされて、フロンガスの使用をやめる条約を結んだのです。この考えを「予防原則」といいます。

　1992年の地球環境サミットで採択されたリオ・デ・ジャネイロ宣言にも、「予防原則」の考え方が取り入れられました。予防原則は、乱発すると産業の発展を阻害することもあるので、慎重に扱われることになっています。しかし、取り返しのつかない損害を与える恐れがあるときは、科学的に確実でなくても、躊躇せず、環境を防御するために予防的に取り組まなくてはならないともなっています。予防原則というウイズダムの発動は、素人の市民が強く主体的に主張してこそできるのかもしれません。

　――はたしてウイズダムを市民が持てるようになるでしょうか？

　川勝　無理だとあきらめてしまったら、それまでです。普段は専門家に頼り、いざとなると「安全かどうかはっきりしろ」と迫れば、専門家は根拠なく「安全だ」といいだすことがあります。今回の事故でも、そのような場面が多々あって、市民の不信感が募りましたよね。

　英国でも狂牛病（BSE）問題で似たようなことが起こって、専門家への不信感が巻き起こりました。この不信感をなくすために、専門家と市民の恒常的対話の会、いわゆる「科学カフェ」がリーズ大学周辺から始まったのです。

　専門家は、市民の欠落している知識を教えてやろうという考えを捨てて、市民の中に自ら入っていく。そして情報公開をし、できるだけ説明責任をはたす。科学的に分からないことは「分からないんだ」と正直にいう。市民も、専門家から学び、「私はこの問題についてこう思う」と専門家に意見をいう。責任を押し付けあうのではなくて、専門家と市民が話し合って価値観を共有することが大事です。この共

付録1　あの原発事故は文明の転換を迫っている

有から良いインテリジェンスやウイズダムが生まれてくるはずです。ウイズダムは、もともと未知の不確定なことを総合判断する知恵ですから、議論が混迷したとき、あたりまえの市民の判断こそ曇りなき眼で尊重されねばならないでしょう。

　日本にはいま、そんな場があちこちに現れてきたように思います。ただ、まだまだこれからですけれど。専門家も市民も互いに考え方を深めて、協力して行動できるかどうかが問われているのだと思います。

付録2

学習が参加である
ということの意味
——科学教育の国際的な転換といきいき実験——

（初出／2002年10月11日、中国四国中学校理科教育研究会・記念講演記録；及び科学教育研究協議会・山口大学大会・川勝記念講演、2002年、「理科教室」星の輪会、2003年1月号・2月号）

　ただいま、ご紹介にあずかりました川勝です。いまお話された諸先生のお話のなかにもありましたように、理科教育はいまたいへん厳しい状況にある。授業がなりたたない。しかしこれは考えてみれば、いまに始まったことではない。ちょうど私が研究活動をはじめた1960年代から70年代の初めも、すでにそうでした。進学率が向上し「こんな連中が高校にくるようになったから、学校が乱れた」、そう話す先生も、多かったのです。

付録2　学習が参加であることの意味

　しかし、たくさんの若者が勉強できるのは、決して悪いことではない。だから新しい市民的な科学教育がいる。そう考えて、いままで研究してきました。これが一定段階に達して『いきいき物理わくわく実験』（新生出版）を1988年にだすことになるわけです。だからこれは単なる実験書ではなく、新しい科学教育を提起した本です。

I　科学教育の現在

(1) ハードル

　これを象徴する実験が大道芸実験です。例えば「超人ガラスの上のレンガ割り」（図1）。これを見て多くの先生は、どう感じられたでしょう。たぶん、「そこまでやるか」、あるいは、そこまで「堕ちたか」。でも、この実験を、あえて本の冒頭にもってきた。これは、もちろん主張があってのことです。

　この実験を最初にしたのは、愛知の一流高校の先生でした。生徒の

図1

中学時代は、ほとんどオール5。そんな高校の先生がある高校へ転勤した。そこは、聞けば中学の成績はほとんど1。教科書を読むのも怪しい。そんな学校にかわる。たいへんな落差です。

　内示のあった3月。「転勤しました。○○高校です」と電話でこれを聞いたとき、私は一瞬絶句した。いままでの経験が通用しない。だから先生も大変だが、生徒だってかわいそう。そんなことを、あれこれ話したのち、最後にこんなことを言って受話器を置いたことを覚えています。「僕たちの科学教育の研究が、もし本物だとしたら、君のいままでと、これからの授業は、きっと本質的には違わない。でもみかけは、そうとう変えなければならないかもしれない」

　そして転勤した4月の天皇誕生日、いまは緑の日ですか、その日に開かれた愛知物理サークルの例会に、彼が持ってきた実験。それが「レンガ割り」の大道芸実験です。彼にとっても、また私たちにとっても、新しい科学教育を建設するためには、どうしても覚悟して、越えなければならないハードルがあるのです。

（2）大道芸実験と市民の科学

　その学校の授業開き。初対面の生徒。そこでのレンガ割り。「生徒はどうだった」と彼に聞くと、彼はいいます。「またか」、そういう感じで見ていた、そういうのです。「またか」、これがどういう意味かおわかりでしょうか。

　新しい先生が来ると、いつも張り切って授業をする。生徒に何かを要求し、訴える。とくに春は。しかし、いつの日か生徒が寝ていても何もいわなくなる。一人で黙々と黒板に字を書き、ベルが鳴ると帰る。そのうち秋がきて、冬も過ぎ、数年後に突然新しい先生があらわれる。それが春。毎年の出来事。

　だから「またか」の言葉には、どれだけの生徒の思いがこめられているか。ところがこの先生は、パッと裸になる。自分がガラスの上に寝て、生徒にいいます。「たたけ」。ハンマーで先生のおなかのレンガ

付録2　学習が参加であることの意味

を叩く。これにはやはり生徒も躊躇します。しかし先生は「やれ」という。「科学を学べば怖くない」といったかどうかはわかりません。生徒は結局、「バーン！」と先生のいうとおり打ち下ろす。レンガが割れ、先生が起き上がる。みなの目は先生の背中に集中。そこには、ガラスの切り口があたって、いたるところに赤い筋が見える。ガラスの破片がまだ1つ2つ張り付いてもいる。それをゆっくり先生がはがしていると、みていた生徒がいったそうです。

「痛いか」。先生は答えます、「少し痛い」。生徒は一言、「フーン……」。これが彼と生徒との初めての会話でした。

私は『いきいき物理わくわく実験』で、こう書いたことを覚えています。

「科学がまだ市民権を得ていないまえ、たくさんの科学者が馬車で実験道具を運び込み、あるときは宮廷のサロンで、またあるときは市民の前で、ものを前にすえて実験しながら科学の不思議さ、素晴らしさ、大切さを説いています。近代科学はいわば、この長い大道芸の歴史をくぐりぬけ、ついにその市民権を獲得していきました」

「大道芸は面白くなければ観客は立ち去ります。そっぽを向いた生徒を振り向かせ、科学の入り口に立たせる大道芸、そこには受験の功利主義や単位認定の脅かしの強制力はありません。純粋にその内容と方法だけで人をひきつけ動かすすごさと厳しさがあるのです」

「大道芸実験によって教室が変わるのは、授業の評価者をはっきり生徒と定め、生徒とともに先生自身がからだで科学しているからでしょう」

(3) 未知への挑戦

彼の次の授業は、がらりと変わります。「未知への挑戦」という授業です。

宇宙人がやってきた。宇宙人と地球人が、地上で初めて遭遇した。このとき地球人は宇宙語がわからない。宇宙人は地球語がわからない。そのとき地球人は、あることをした。これで爆発的に、両者は相手の言葉が多数わかるようになった。地球人はいったい何をしたのか。
　これを「考える」という授業です。生徒は考えたと思いますか。いいえ。じっと黙って下を向いたまま。もちろん、かつては自分の考えをいったこともあったでしょう。でも多くは馬鹿をみる。発言するのは誰か。他の賢い人。自分たちはいればいい。先生の質問だって、自分たちに「配慮」し、当てるのを避けてくれた。
　ところがこの先生はどうか。待った。何時間でも待っている。言葉のない沈黙の時間。これが続くと先生はふつうあきらめる。答えをいってしまう。しかしこの先生は違う。「考えよう」、そういったのだった。「だから待つ」、これは信頼の問題です。
　そのうち何時間かがたち、あるとき生徒たちにささやきが生まれる。ボソボソとした会話。これに先生も加わる。面白がる。喜ぶ。何をいってもこの先生は馬鹿にしない。そのうち生徒の声がだんだん大きくなる。そして大騒ぎ。
　結論。「これは何か。そういったと思う」
　正解！　アタリです。考えるじゃないか。「考えること」それは誰だってできる。一歩学校を出れば、だれでもそうしている。でなければ人間ではない。
　耳も聞こえない。眼も見えない。話もできない。３重のハンディを負ったヘレン・ケラーさんの最初は、まるで動物のようだった。その彼女に、アン・サリバン先生は、手に水をあて「ウォーター」といった。このときケラーさんは、ものには名前があることに気づきます。そしてこれをきっかけに、彼女は爆発的に言葉を覚える。「これは何？」、この言葉から、彼女は自分と自分につながる世界の不思議と神秘に気づいていきます。
　その次の授業は「生き物の分類」です。図書館にいって何百種の生

き物のコピーをとる。それをマスプリして生徒に配る。これをグループごとに相談しての、仲間分け授業です。分類基準は自分で考える。分類は思考の訓練。またこれで「生き物の進化」も勉強する。最後は「人間とはどういう生物か」、これを「考える」ためです。

　こういう授業は、生徒だけでなく、やっているほうも面白くなってきます。こんなに生徒が変わってくる。賢くなる。手ごたえを感じる。「授業の意味がわかる」から「誰だって科学できる」。

　こう考えると、いままで彼が普通高校で、あたりまえのようにやってきた授業、あれはなんだったか…。

（4）できる子の問題

　これは1993年の愛知県立高校の入試問題です（図2）。当時、私はこれを採点していて、おや、と思いました。これは「作用反作用」と「つりあいの2力」との区別を問う問題ですね。これは難しいと

　図のように机の端に打ったくぎに輪ゴムをかけ、この輪ゴムにおもりをつるしたところ、おもりは静止した。地球がおもりを引く力をA、おもりが輪ゴムを引く力をB、輪ゴムがおもりを引く力をC、輪ゴムがくぎを引く力をD、とすると、つりあっている二つの力はどれとどれか。最も適当なものを、次のアからエまでの中から選んで、そのかな符号を書け。
　　ア　AとB　　イ　AとC　　ウ　BとC　　エ　CとD

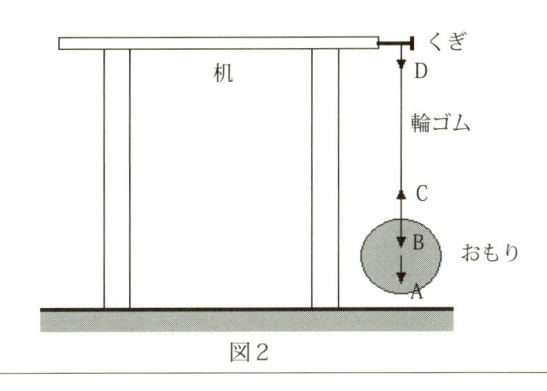

図2

いわれている。正解はイですが、ウなどと答えてしまい間違えるのです。たしかに普通科の正答率でも、27％でした。

　ところがその学校には、併設して美術科があります。この正答率を見て、びっくりしました。正答率53％。普通科のほぼダブルスコアなのです。その普通科は、昔その県の一中だった伝統高。絵筆は確かだが受験学力が比較的分散している美術科の生徒のほうが、素直にイと答えて正解率は高い。

　でもこんな例は、最近よくあるのです。例えば昨年、香川大学の学生にした回路の認識調査でもそうです。これは学会にも発表し、読売新聞にも取り上げられたものです（図3）が、裸銅線をソケットなしの裸豆電球のおしりに2本まとめてつけて、電池の両極につなぐと、豆電球が「つくか」と聞く。これはもちろんショート回路ですから「つかない」。でもソケットのある豆電球点灯回路にそっくりですから惑わされ、学生の8割が「つく」と答えてしまう。

　そこで学生の名誉のためもあり、これを県内の高校の先生にお願いし、追加調査をしました。すると、やはり予想どおり。トップクラスの高校の生徒のほうが、普通の高校の生徒よりわずかですが、できが悪い。

　なぜこんなことが起こるのか。この原因をうかがわせる授業体験があります。これは、はかりの上で、急に沈み込む問題です（図4）。

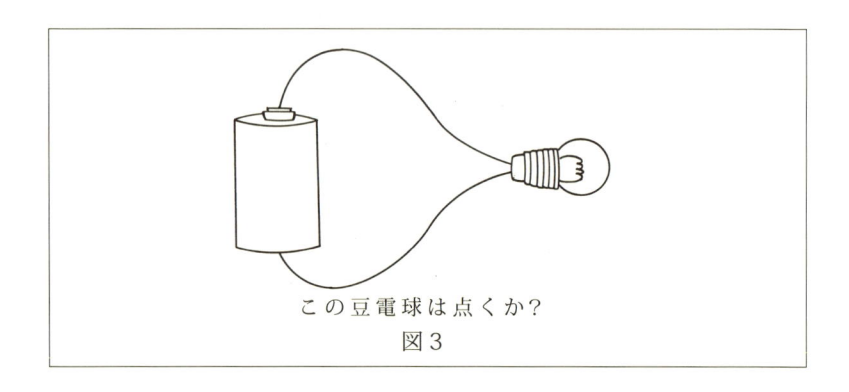

この豆電球は点くか？
図3

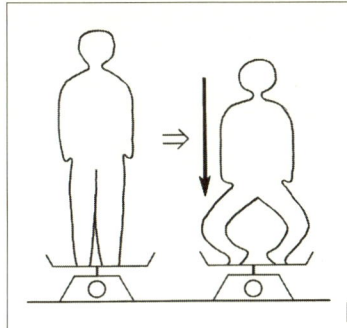

付録2　学習が参加であることの意味

> 問　はかりの上で急にしずみこんだ。
> この瞬間はかりの目盛は？
> 　ア．重いほうへふれる
> 　イ．かわらない
> 　ウ．軽いほうへふれる
>
> 理由をつけて答えよ。
>
> 図4

　これを突然、高校生に聞いたときのこと。生徒は何と答えたか。「めもりはその瞬間、動かない」、40名中20名ほどがそう答えるのです。
　これを小学生に聞けば、たぶん、素朴に「重いほうへ振れる」と答えるでしょう。正解は「軽いほうへ振れる」ですが、そう答えなくても、少なくとも彼らの生活体験から「振れる」とは、答えるでしょう。はかりの上で、いわば踊るのですから。ところが、このできる高校生たちは「振れない」と答える。
　そこで「どうして」と聞きました。どんな答えが返ってきたと思いますか。その答えは「ものの出入りがないから、重さは変わらない」でした。
　どう思われますか。悲しいくらいの優等生ですね。自分の体験よりうろ覚えの学んだ知識で考える。ものの出入りと重さの保存を結びつける自然観を持っている。これは素晴らしいことですね。きっといい先生に習ったことでしょう。しかし、この問いは、残念ながら条件が少し違うのです。
　そこで「はかりの上で動けば、少しは振れると思わないか」と聞くと、「あとで揺れる。でもその瞬間は揺れない」、そう答えました。さすが優等生。臨機応変の答えは得意です。でもこれは変なのです。「では、あとで振れたとき、ものの出入りはあったの？」、そう聞くと初めて「…………」となる。自分の発言と自明の経験とのズレに気づかないだけでなく、使う論理さえも、このように軽い。

自分の体験と自分の考えで、習ったことを吟味し、わかる。そんな授業はもちろん大切です。これはどんな先生でもそういいます。しかし知識の量もある程度いります。これを増やすのには、これではあまりに能率が悪い。それで、つい吟味は、ゆとりのあるときだけのもので、後回しとなる。これが常態化し、「科学する授業」がタテマエだけになると、生徒の現実を科学する感性や理性が、学べば学ぶほど鈍る。そんな危惧が、国際的な誤認識の研究から指摘されています。

II　科学教育の国際的転換

（5）科学リテラシー
　1992年、リオ・デ・ジャネイロで環境サミットが開かれました。それに呼応して、パリのユネスコ本部で「サイエンス・フォー・オール」の決議がなされた。歴史上初めて、現実課題として「フォー・オール」を目指すべきことが決議されました。これは画期的です。アフリカの人たちも、南アメリカの人たちも、おじいさん、おばあさん、男も女も、みな科学を身につけようということですから。そしてその「フォー・オール」の中身が「科学リテラシー」です。
　科学リテラシーとは、読み書きそろばんのように、すべての人が身につけるべき科学の基礎教養です。その教育を、たとえばイギリスのナフィールド財団「ビヨンド2000」（注1）では、専門家の準備教育を含めて、「これを16歳くらいまでの青年の共通目標とすべきである」と勧告している。
　OECD（注2）のリテラシー国際調査では、日本人は何ができなかったか。放射能と放射線の違いが、ほとんどわからない。これは中学以下では教えられていませんね。でもリテラシーでは必須です。なぜなら将来の社会を考えるのに、原子力発電によるエネルギー問題は避けて通れません。またDNAとは何か書け。これもできません。遺伝子操作の是非が、倫理的・実用的に問題となる社会です。でも遺伝子は、

日本の中学の指導要領からさえ、はずされましたね。何故でしょう。インターネットについて書け。これもできが悪い。使い方はよく教えている。しかし論争課題を吟味できる理解力としてですから、デメリットをもふくめたインターネットの批判的学習がいります。

（6）持続可能な社会の教育

　ではなぜ科学リテラシーを基本とするように、転換し始めたのか。それは経済社会と科学技術のあり方の転換と深いかかわりがあります。1980年代の半ば、世界の多くの発展途上国や超大国でも、政変が起こりました。また発展国でも、開発に投資した大量の債権が焦げつき、これとからむ構造汚職が摘発されました。そしてこの克服過程で、情報公開と構造改革が進みました。なぜ、この時期に、世界中でこんなことが起きたのでしょうか。

　それは戦後の社会目標と、それを推進するに適した国家経済機構が、根本的改革を余儀なくされたからです。その目標とは、ある人たちにとっては、ゆりかごから墓場までの「福祉社会」であり、また、ある人たちにとっては「社会主義社会」でした。これが両方とも、その前提が崩れた。

　その前提とは「無限の生産力の発展」という考えです。これに基づく大量生産、大量消費の経済政治システムが、すべての豊かさを生む源泉。そして、そのための人材を大量に早く育てる。そのための理工科系教育。そんな考えが修正を余儀なくされている。生産力は無制限に発展させられない。無理に発展させようとすると、政治経済の腐敗が多発し、投資は不良債権として焦げつくだけでなく、引き起こされる環境破壊は孫子の代まで害をなし、人類全体の生存さえ危ぶまれる。

　ここで、この転換を詳しく話す余裕はありません。しかし大切なのは、その生産力を、人類が「持続可能な限り」にコントロールできるかが、国際的にも問われています。そのためには、住民のアセスメントを受け入れないやみくもな開発から、市民的コントロールを前提に

した科学・技術システムに変える。よって科学教育も、何を控え、何を開発すべきか。開発のアクセルは、抑制のブレーキとともに教える。生活者の立場から、市民が外部から生産者をチェックし、これを国際的にも監視する。これがリオ・デ・ジャネイロ環境会議です。

（7）シビリアン・コントロール

しかしなぜ市民が、国や企業をこえたＮＧＯやＮＰＯの協力もえて、これらを国際的にも、コントロールしなければならないのか。何故、専門家や業者の自覚や自己改革努力にゆだねられないのか。例えば、これをクローン人間の研究の場合で考えてみましょう。いままでなら、きっとこう考えるでしょう。「これはまだ研究の段階である。学術の範囲で研究するだけなら制限すべきではない。人間の知的好奇心は、だれも止められない」

しかし、いま世界の大勢は、この考えとは違います。研究段階から禁止です。これは専門業界の判断ではありません。市民の未来の社会倫理を考えた総合判断です。自分の研究を禁止する答申を、組織の一員である専門家はほとんど実態として出せないからです。だからこれを大胆にチェックしコントロールできるのは、非専門家の市民です。

この考えは、軍隊における「シビリアン・コントロール」と同じです。軍隊は、高度に組織化された専門家集団です。それなのに、これを軍事にまったく素人の政治家が最終判断を下す。そのシステムは、民主国家なら毅然として守るべきだとされています。これは、いくども軍隊の暴走を許し、途中で止められず、最悪の事態をまねいた歴史の苦い教訓です。軍隊は人の命を、合法的に国に捧げよと命じられる。その最高判断は、たんなる専門家の実務的判断を超えます。21世紀の私たち社会、それが持続できるかできないか。そんな判断は、あたりまえの市民の、将来を見据えた叡智による総合判断が必要です。

では、それを実行できる力は、市民の誰にでもあるのか。ある。民主社会ではこれが前提です。例えば選挙権は学校の成績の程度によっ

付録2　学習が参加であることの意味

て与えられたり奪われたりはしません。これは能力によってではなく、基本的人権として持っているのです。だからその権利を互いに保証する科学教育がいる。だから科学技術政策について日常的に議論をし、決定に加わる自信を育て、その真偽を確かめる探究活動の教育訓練がいります。

Ⅲ　科学リテラシーの教育

(8) 戦後理科教育史

そこで、ここらで科学リテラシー教育を実践的に研究開発していくときのポイントを、戦後の理科教育史のなかで整理してみましょう。図5はいわば「川勝チャート」とでもいうべき、私なりのまとめです。

左右に問題解決学習と系統学習の軸を設定します。上下には、方法重視の学習と内容重視の学習軸。この2軸で戦後の理科教育を整理すると、4つの大きな時代区分が、各象限におさまり、その重点が、ぐるっと旋回していったように思われます。

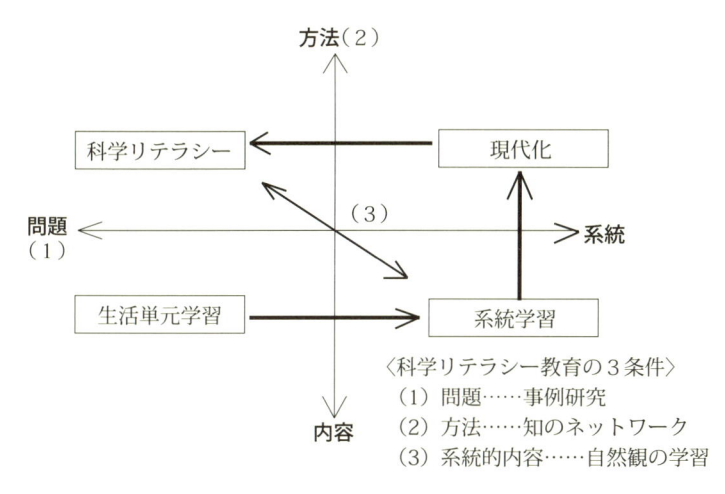

〈科学リテラシー教育の3条件〉
(1) 問題……事例研究
(2) 方法……知のネットワーク
(3) 系統的内容……自然観の学習

図5　理科教育の戦後史

戦後の最初は「問題解決学習」でしたね。これを通じて科学や技術の具体的内容を学ぶ、生活単元学習。これは生徒の日常の疑問と結びつけて、問題解決的に内容を学習するという意味では、今日の市民的な科学リテラシー教育の源流ではありますが、追究が、水の科学とかポンプの科学とか、あまりにも日常的で視野の広さに欠け、貧しい実験装置しかなかった時代の制約もあって、低学力化批判の前に、系統学習へと重点が変わってきました。

　次の時代の「系統学習」は、科学の概念法則の内容を、系統的にねじり鉢巻で学ぶものでした。これは戦後の復興期ともかさなり進学率も向上、日本の進むべき方向も明確でしたから、それを目指して生徒、学生はよく学び、学力向上に一定の成果はあったと思います。しかし科学の系統性といっても、時代によって変わります。1930年代の系統と1960年代の系統とは違う。そこで「現代化」時代がきます。スプートニク・ショックに端を発し、アメリカを中心とした理科教育現代化運動がひろまり、PSSCなど現代的な系統を再構成するプログラムが、いろいろ研究されました。

　このとき内容系統の再構成とともに、方法の学習が重視され、「探究の科学」が論じられました。科学とは、科学の内容を学ぶだけではなく、「科学すること」でもある。そこで内容だけでなく、方法も教え、盛り沢山になり、戦後の歴史でもっとも理科の時間が確保された時代です。しかし方法学習といっても、実際は、高度な現代的系統学習でしたから、理解できたのは一部で、探究活動も問題解決的ではなく、仮説を立てなさい、モデルを考えなさい、議論をしなさい、などと手続き学習的で、方法が内容の学習から独り歩きし、理科嫌いが増加したのも、この時期でした。

　そしていまはどうか。ゆとりの教育だの、個性化だの、新しい学力観だのがいわれていますが、ひとまとめにしていえば、いわば失われた十数年で、国際的にみれば、先延ばしにされた「科学リテラシー」の教育への移行期であるといえます。

付録2　学習が参加であることの意味

　では「科学リテラシー」の教育とは、どんな基本的特徴を持っているものでしょう。他の時代のそれと、どこが違うのでしょう。それを例えばイギリスのナフィールド財団がつくった答申「ビヨンド2000」の、状況 (situation)・方法 (method)・概念 (concept) の言葉を借りて、私なりに考えてお話します。科学リテラシーは、系統的に学ぶ内容面では、自然観の教育を重視していますが、同時に新しい方法重視の教育であり、新しい問題解決重視の教育であると思います。

（9）事例研究

　その第一は、事例研究 (situation) の重視です。私たちは『いきいき物理わくわく実験』のなかで、たとえ断片でも、いまの生徒のいだく疑問や技術の謎を、楽しく実験的に科学し、科学の本質を教えるべきことを訴えました。そして高校生ならば、「たったひとつでも何かが変わる」。これは実験をとおしての、新しい問題解決学習の薦めでもありました。

　聞くところによると、その考えを参考にし、さらに深めて、イギリスの物理学会は新しい本を作りました。『アドバンシング物理』(注3) です。これは「科学リテラシー」を踏まえた専門家教育テキストです。

　例えば、この本は、基礎・応用・発展の順に学ぶ、従来のような系統的な学習法をとらない、といっています (注4)。つまりいきなり現実の問題を扱う。いきなり科学者や技術者のやっていることを見せる。そこでその意味と内容と方法を学ぶ。だから専門家として系統的に基礎的内容も、もちろん学びますが、その分野の置かれている社会的意味と、現代の社会的課題を、先生と共有しながら基礎を学ぶ。これがいま挑戦的に開拓されている新しい専門家の教育です。

　しかしこの専門家養成方法は、科学教育だけではなく、実践的であることを迫られている他の分野でもそうです。例えば法曹教育。かつて日本の法学部は、典型的な暗記教育でした。憲法を勉強し、民法を、商法を、という具合に、その法理をいかに正確に暗記し、理解させる

か。それが目標でした。それを、ロースクールという教育方式を取り入れ、改革しようとしている。

　この教育方式は、判断学習が主です。たとえ、多少基礎が不足していても、初年級からいきなり判例を学び、その妥当性を吟味する。そこで法律の意味と役割を、実例をとおして学ぶ。でないと国際的にも通用する現実感覚をもった法律家が育たない。

　これは経済でも同じです。実戦的なエコノミストを養成するのに有名なハーバード・ビジネススクールも経済理論を、順次系統的に学ぶわけではありません。いきなり事例研究です。もしあなたがシンガポール政府から、どこどこに発電所を建設するように依頼されたら、あなたはそれを受けるか、その判断に、いかなる調査がいるか。そして、君ならどんな条件で受けるか受けないか。これを1週間以内にまとめ、教官と討議する。

　事例研究で、実践的に学問を学ぶ。この問題解決学習回帰は、学習が社会参加であるという開かれた市民教育の原点に、専門家教育も戻っているともいえます（注5）。しかし戦後のころの問題解決との違いは、自分の身の周りだけでなく、社会的論争課題を吟味できることが目標ですから、そのスケールとレベルは、格段に広く深くなっていると思います。だから系統的内容学習も適切に取り入れ、仲間とともに、多様な分厚い書物をも主体的に使いこなす訓練も欠かせません。そんな学習は、もはや一斉学習というよりゼミナールに近いですから、現場教師の質的、量的ゆとりの確保や、研究と実践の自由、財政的支援体制が大幅にいる。そんな気がします。

(10) 知のネットワーク

　第二は、知のネットワーク (method) による探究スキルの訓練です。科学の方法とは、かつては予想をする、仮説をたてる、討論する、これを検証するなど。そして科学者の典型的な専門的「科学の方法」を教育に取り入れたものでした。たしかにこれはいまでも大切ですが、

付録2　学習が参加であることの意味

なぜこれが必要とされるのか、その原点をもっとしっかり教える必要があります。

『いきいき物理わくわく実験』に、こう書いたことがあります。「ただ机に座ってノートを取る授業だけでなく、装置を前にワイワイ、ガヤガヤ体を動かし、体全体で考える授業をしてみると、その場の雰囲気と行動がさそいだす生徒の思考形態は、よくよくみればびっくりするほど素晴らしいものです。いつまでも黙々と装置をさわりつづける子。ホントかと何度も体験してみる子。うっとりみとれる子。どうしてどうしてと、しつこくいう子。それを一生懸命説明している子。どうもわからんという子。うまい理屈を考える子。先生に聞こうという子。本を調べる子。すぐ違ったやり方でどうなるかやってみる子。そのうち変な現象をみつける子。ときには戸外のサッカーをボーとみている子。ぜんぜん別のおしゃべりをしている子もいます」

「できあいの科学を覚え使いこなせるというひとつの、いまの力だけからみれば、生徒の力には差があるかもしれません。しかし科学する力はすべての生徒にあります」

「科学する営みは、人間の全能力の発揮によるたくさんの人間との集団作業ですから、自分の得意とする分野を生かせば、必ずなにか貢献できます。そしてこれがうまくかみあったとき、自分も素晴らしいが、仲間も素晴らしい。そして自分にない仲間の力に触れることによって、自分を磨き、これを通して一人一人の生徒の足りない力をも、仲間のやり方をみながら育てていくことができるのでは、と私たちは考えています」

これが知のネットワークによる、科学の方法ではないかと思います。

ガリレオは「誰でも科学できる」と「科学の方法」を明らかにし、「近代科学の父」になりました。その方法の要は何だったのでしょう。それは真理解明のために助け合う、素人の「学会」をつくったことです。公開の実験学会。これなら誰でもが、真理を明らかにできます。

誰でも市民は科学できる。ただし仲間の公開のネットワークで、実

験的に解明せよ。その訓練をせよ。これは、科学リテラシー時代の、科学の方法の原点だと思います。日本で導入すべきなのに、いままでできず、やっと検討が始まった参審・陪審制も、市民は適切な裁判官とのネットワークを組めば、誰でも真理を明らかにできる。これが前提になっているはずです。

　多様性があるから討論がいる。実験もいる。前提が人それぞれなので、その前提を仮説としてはっきりさせる。科学の方法の基本は、自分に異論を唱える人を説得する技法です。そんな「知のネットワーク」の中でなら、時間をかければ、誰でも納得して真理をみつけられます。

　レオナルド・ダ・ビンチは巨人でした。かつてはそんな彼のような巨大な人工頭脳や、偉大な生徒の能力開発を目指して、研究・教育していた時代がありました。しかし、人間の脳の不思議は、むしろ多様なネットワークをいかせる機能にこそ、その素晴らしさがあることがわかってきました。たとえ五体不満足でも、車椅子や介護者の助けがあれば、その人にしかできない素晴らしい貢献ができます。大切なのは、能力というより、多様性のあるネットワークを生かした仕事の実績です。これをとおして能力も磨かれる。これならすべての人々が、それなりに、科学できる自信をもてるでしょう。

(11) 自然観の教育

　三つ目は、自然観 (concept) です。あたりまえのことですが、事例研究で何故現実を科学するか。何のための知のネットワークか。これをしっかり学ばないと理科を学んだことにはなりません。21世紀にかけ、私たちの孫子の代に、地球環境が悲惨なことにならないように。人間が、これから末永く多様な生き物と共生して生きられる。そんな循環型社会の自然観（注6）を、しっかり教える必要があります。

　自然観の教育内容とは、基本的に4つの領域があります。①原子論、②エネルギー論、③歴史性、④階層性。しかし総合自然科学として、今日の自然観を考えてみますと、これらを統一して理解せざるをえな

い時代になっています。地球は閉鎖系でも永久機関でもありませんから、①地上における物質の循環は、②太陽からのエネルギーの吸収と拡散に不可分に結びついている。④それらが多様な階層の循環とリンクしつつ、③歴史的に遷移している。ですから人間の営みをつかさどる工業系も、この地球上の多様な生命系や、水や大気の循環系にリンクしないかぎり、持続可能な「循環型社会」にはならないでしょう。これを理解するには、かなり深い総合的自然観を学ぶ市民的理科教育がいります。

ところが、文部科学省は、総合学習をしたり環境問題の学習を重視したりしていますが、例えば、循環型社会の保存量認識を教える「ものの重さの保存性」の学習を、小学校の指導要領で削除したり、またエネルギー問題の理解の基本となる「仕事」の定義と原理の学習も、中学からなくすなど、信じられない改定をしている。よって、これらはしっかりと補って教えなければ、何のためにこのような改革をしているのかが、わからなくなります。

Ⅳ 市民科学教育の復活

(12) ガリレオの功罪

このような科学リテラシーの条件をみてみますと、ガリレオが近代科学の父となったときの市民科学建設の方法に立ち返っていることがわかります。彼の『新科学』も当時の課題になっている弾道の研究や、時計の開発などを、事例研究として市民のなかでとりあげ、またリンチェイ学会（山猫学会）で、情報公開を求めて知のネットワークを作り、当時自然観的な論争課題であった地動説や真空の存在を精力的に追究しました。なのに、なぜいまあらためてこの科学リテラシーの方法、原点が問題になるのか。

ブレヒトという劇作家がいます。彼は戯曲「ガリレオ・ガリレイの生涯」（注7）で、科学を本当に市民のものにするのに、ガリレオの取っ

た態度を、痛烈に批判しています。地動説を唱えたかどで、彼が異端審問にかけられたとき、「それでも地球は回っている」という。でも彼は「回っていない」と審問でいってしまったのです。
　その結果、確かに科学アカデミーは王権や教会に庇護されながら広まる。彼は火あぶりを免れ、科学は確かに一定の市民権を得ることになりました。ただし以後、科学者は余分なことには口を出さない。デカルトもまた恐れをなし「よく隠れしものは、よく生きしなり」と、書きかけの原稿を破り捨て、教学上の真理や社会的政治的正義からは、距離を保つ。そして純粋に学術的な活動だけに、おのれの活動を制限するのです。この結果、科学は確かに広まりました。
　しかし、それで科学はすべての市民のものになりえたか。
　これは科学共同体、つまり科学や技術を保証してくれる組織、国、企業の目的に抵触しないかぎりでの真理探究活動ですから、「科学はだれでもできる」といっても、「科学共同体のメンバーの、合意の範囲ならば」という条件がつく。それがそのうち、「専門家でない素人は、専門内容は判断できない」となり、特権ともいえるその専門性が、市民との無言の隔壁となっていきました。

（13）　市民と専門家の責務

　これをもう一度、市民科学の原点にさかのぼって覆した科学者がいます。それがレイチェル・カーソンさんです。
　科学リテラシーの教育は、彼女の『沈黙の春』（注8）の衝撃から生まれた。「宇宙船地球号」の考えを出した1972年のストックホルム会議や「持続可能な開発」の決議をした1992年のリオ環境サミットも、この本の出版された1962年から10年ごとの記念に、開かれているのです。
　いままでの科学教育は、この専門家養成の科学教育を基本とし、これを普通の人の一般教育にも要求していました。専門家と同じ理解をするのが、結局高いレベルの市民教育だと思われていました。しかし、

付録2　学習が参加であることの意味

　その結果として、これがわからない市民は、科学にかかわる決定に参加する力をもてない、そう信じ込むことになります。形式的には力は誰でもあると想定しながら、実質的には専門家に判断をゆだねるほうが賢明と思わせる教育に事実上なっていました。
　しかし彼女は、市民の側に「科学の学力を」というより、専門家の側に「情報公開と説明責任を」要求しました。情報が公開されれば、適切な専門家とネットワークを組めば、誰でも、素人でも、科学できます。彼女は一貫して「学位のない素人」呼ばわりの偏見と闘いつづけ、科学と社会を、もう一度市民のものに取り戻そうとしました。
　例えば、今日の遺伝子操作大豆による食品。これは明らかに人間にとって害があると、科学的には立証されてはいません。だから発売を行政によってとめるわけにはいきません。しかし、かといって、害がないとも科学的に証明されていません。厳密には、何ともいえないのが科学的態度でしょう。しかし科学者は、その分野の専門家であるとともに、1市民でもあります。
　このとき、日本とアメリカの市民運動は、専門家の従来の枠を超えて、NGOとして市民と協力する専門家が現れました。彼らはより一層の科学研究のネットワークを作るだけでなく、当面の活動として、会社に情報公開を市民たちとともに要求しました。遺伝子操作大豆かどうかの表示を求める。発売をする自由は保証する。しかし消費者がそれを買う、買わないを判断できる表示を義務づけ、商品内容の説明責任を果たしてもらう。その結果、アメリカの遺伝子操作大豆の作付け面積が大幅に減りました。表示によって消費者の多くがその購買を嫌ったからです。これは法律による禁止ではありません。市民の選択の結果です。これを可能にしたのが、市民の要求による情報公開です。
　この情報公開の世界的なうねりは、また専門科学者技術者のありかたにも、あきらかな変化をもたらしています。技術者の倫理責任の発生です。
　今日の技術者は、かつてとは違った資格用件がいります。例えば、

一級建築士は日本の資格ですが、国際技術士資格がないと、国際競争の入札ができません。この国際資格には、いままでなかった技術者倫理による判断が、義務として要求されます。例えば外国の政府から依頼されても、それがその地域の住民の環境と安全に支障をきたすことが明らかなら、ノーといわねばなりません。昔なら「それはその国の政府の責任で、私はただ依頼され、つくるだけ」、そういっていればよかったのですが、いまは倫理的受諾責任がでてきました。

　これを裏返せば、あたりまえですが、たとえ依頼者の指示でも、不当な要求なら上司に従う必要はない。また強制するなら、たとえ相手がだれであれ、秘密を保持されて内部告発ができます。日本でもたいへん不十分ですが、やっと法律がつくられつつあります。

　その結果、いままでなら専門性の陰で覆い隠されていたさまざまなことが明るみに出はじめています。非専門家集団の公開のコントロールを受けないで、不正を隠し続けると、かえってその企業そのものがなくなる時代です。

（14）　センス・オブ・ワンダー

　最後に、このような新しい市民科学教育の時代に、未来の子供たちのために、もっとも大切にして育てたいこと。これをお話して、終わりにしたいと思います。

　レイチェル・カーソンさんが遺書のように残した本があります。それは『センス・オブ・ワンダー』（注9）という本です。そこで彼女は、その願いをこう語っています。

　「世界中の子どもたちに、生涯消えることのないセンス・オブ・ワンダー、神秘さや、不思議さに眼を見張る感性を、身に付けさせてほしい」

　そして「これを新鮮に保ち続けるためには、それを子供と一緒にわかちあってくれる大人が、少なくとも一人はいると思います」と、教育の大切さを、指摘しています。

付録2　学習が参加であることの意味

　この『センス・オブ・ワンダー』を、訳者の上遠恵子さんは「不思議さや、神秘さに眼を見張る感性」と訳されています。これは、もちろん『いきいき物理わくわく実験』に通ずる驚きの精神ですね。

　しかし、この言葉はもともとプラトンの「哲学は驚きに始まる」というときのセンスでもあります。だから、この言葉には、西欧古典教養の基底に流れる強靭な理性的批判精神が流れています。彼女はそれを知りながら、あえて感性の持つ大切さを、従来の市民から遊離した科学への批判をこめて強調している気がします。「なぜ鳥もなかない春の恐ろしさ。それをなぜ、科学が感じられないのですか」と。

　豊かな感性で現実の問題をとらえる。それを強靭な理性で考察する。この深い感性と理性で、ものごとを吟味しつづける。これが「センス・オブ・ワンダー」です。それをすべての市民が共有し、新しい生活の質をつくる。その活動に知的に周辺的に参加することで、未来の生きる力と、学ぶ意味を教える。時代はすでにそんな新しい教育に向かって動きはじめています。これをはたして、どうとらえるか。それは私たち教師自身に突き付けられた課題であるかもしれません。

　どうもありがとうございました。

（注）
（1）Millar, R. & Osborne, J., eds., *Beyond 2000: Science education for the future*, King's College London, School of Education, 1998.
（2）OECD: Promoting Public Understanding of Science and Technology, OECD, Paris(1997): http://www.oecd.org//dsti/sti/s_t/scs/prod/e_97-52.pdf
（3）笠潤平「アドバンシングの物理」の紹介。「物理教育」50. 2002.
（4）「日英物理教育ワークショップの記録」、「物理教育通信」106. 2001.
（5）川勝博「学習が参加であるということの意味」、「日本の科学者」2001. 5.
（6）エントロピー学会編『循環型社会を問う』（藤原書店）
（7）千田是也訳『ガリレオの生涯』、「ブレヒト戯曲集3」（白水社）
（8）レイチェル・カーソン『沈黙の春』（青樹簗一訳、新潮社）
（9）レイチェル・カーソン『センス・オブ・ワンダー』（上遠恵子訳、新潮社）

付録3

何が彼女をそうさせたか
──科学することの意味──

(初出・「学術の動向」、特集「科学する心を育てる」、日本学術会議、2004年8月)

　私の教室で、突然、科学の意味に目覚めた女子学生がいた。彼女は卒業論文の前書きでこう書いている。
　「ちょうど白装束に身を包んだ集団が、社会とのかかわりを拒むように、自分たちだけの閉鎖的な集団をつくって、世間を騒がせていたころ、私に衝撃を与えたのは、先生に見せてもらった携帯電話の電磁波測定だった」

付録3　何が彼女をそうさせたか

私の携帯電話

　そのとき私はゼミで、たまたま彼女の持っていた携帯電話の電磁波の強度を、米国製の簡易マイクロ波測定装置（図1）で測定した。その結果、彼女の機種は、発着信時には3mG（ミリガウス）をはるかに超える高い値を示していた（図2）。3mGは、スウェーデンが定めている許容基準である。

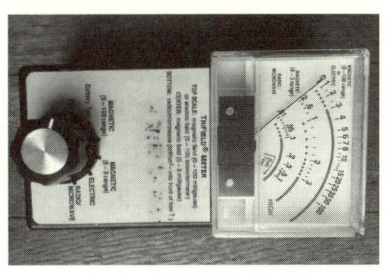

図1　米国製電磁波測定装置 トリフィード メーター

　この結果に彼女は驚いた。

「携帯電話は、いまでは子供でも、塾の送り迎えの連絡用に持っている。本には、子供のほうが細胞分裂が活発であるため、電磁波の影響を受けやすいとある」

　こうして彼女は、これをきっかけに、いまも一日何時間もおしゃべりし、手放せなくなっている携帯電話の電磁波の研究を、卒業論文のテーマに決める。

「高校1年生の頃から、私は携帯電話を持ち始めた。でもその機能は使いこなせても、その電磁波が、あの電子レンジと一緒のマイクロ波を使っているなんて、知る由もなかった」そしてもちろん、その人体に与える影響についても。こうして以下のような、彼女の「私の携帯」の驚きに端を発する、環境電磁波の総合的研究が始まった。

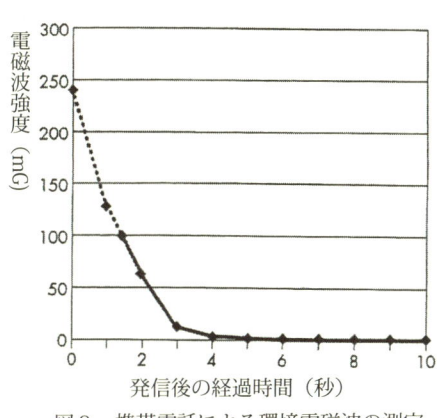

図2　携帯電話による環境電磁波の測定

①電磁波について、物理学的にその基礎を勉強する。

199

②電磁波の人体に与える影響についての研究調査。これはまだ不確定なので、確かな研究を、海外をふくめて調査する。
③生活電磁波の強さを実測する。携帯電話だけでなく、ヘアードライヤー、パソコン、電気掃除機、クッキングヒーターなどにも拡張して測定する。また大学周辺の変電所、道路、小学校の環境電磁波値の測定マップをつくる。

科学リテラシー

　日本の若者は、科学技術の新しい発見について、OECDの諸外国に比べて、極端に関心が薄いという。科学技術に関心をもっている一般市民の割合は30％程度で、トップのフランスやアメリカの60％程度と比べて半分であり、調査国14カ国のうちでビリであるようだ。しかし、それはなぜだろう。

　携帯電話の実験をした女子学生。彼女は、最初はどうだったろう。彼女は早くから、携帯電話の使用法には精通していた。しかしそれがどんな原理と仕組みでできているか。これに関心をもっていただろうか。またそれがどういう方向に改良されるべきだ、と考えただろうか。

　科学技術が、自分の生活を豊かに便利にする。そうは感じている。しかし自分がそれを担うとは思っていない。使う生活にだけ強い関心がある。安全は当然「市販されているのだから、保たれているはず」と信じている。

　ところが、自分が使い、親しんできた携帯電話が、電子レンジと同じマイクロ波で、放射線と同様な害を人体にもたらす。そんな可能性があることを初めて知る。それと時期を同じくして彼女の好きだった祖母が、腫瘍でなくなる。

　彼女の家庭は、通常の家庭とは少し違う。火事にならないので便利と、電磁調理器を中心に料理を作っている。化学的な燃焼による火が、家庭内にほとんどない。これは近隣でも珍しい家庭である。その祖母が、突然、腫瘍でなくなる。

付録3　何が彼女をそうさせたか

　電磁調理器の強い漏洩低周波電磁波は、家庭電化製品のなかでも、近接して長時間使うので、最も健康上心配な器具のひとつである。彼女は不安になる。私の家は、これでよかったのだろうか。これは電磁波に無知だったときには決して抱かなかった疑問である。
　もちろん、現在のところ、腫瘍と電磁調理器の使用に、直接の因果関係は見出されてはいない。しかしいまの世の中、ほとんどの商品は、害があるとも害がないともいえない。使いつづけて、そのうち害が発見されると、発売が中止されたりする。灰色の新製品が氾濫している時代であるともいえる。
　だからこの社会で、豊かに賢く生きていくには、情報を集め、吟味し、白でも黒でもない、灰色のなかで、より自分の価値観をしっかり持ち、身を守っていかねばならない。
　しかしまた、これをより積極的にいえば、21世紀は、生活者の立場にたつ、自然や人間と調和した、多様な持続可能な商品が、市民の選択を通して開発される時代であるともいえる。この選択の方向が、新しい商品を開発させ、経済を活性化させる。
　だから、21世紀を支配するかもしれない携帯電話にしても、市民に対して、正しく情報を開示し、それをサポートし吟味する、知的なネットワークの社会的整備が必要である。
　もともとの関心調査を行ったOECDでは「科学リテラシー」を「科学技術関係の政策課題として論議されている事項を吟味するのに必要な理解力、基礎的な科学用語、科学的概念、科学的方法の理解の程度」と定義しているから、この調査にあらわれた日本の一般市民のリテラシーの低さと（図3）、科学技術の発明発見に対する関心のなさが同様の傾向を示すのは、何かわかる気がする。
　彼女にとって、いまから考えると、会社のカタログの説明以外に、世の中には、いろんな考えがあった。でも彼女は、それらをほとんど知らず、知らされず、知ろうにもその方法を知らされてはいなかった。
　根拠のない安全性についての信頼感は、これを覆すさまざまな情報

OECD加盟国の一般市民の科学リテラシーの程度

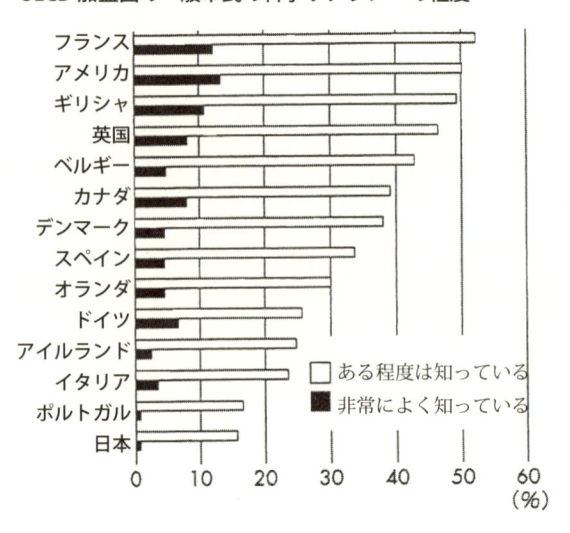

図3　一般市民で科学的事項を非常によく知っている
人とある程度知っている人の割合（％）

が、情報公開や、内部告発や、情報漏えいで明らかになると、「なぜそれを黙っていたのか」と嫌悪感や機械的反発に逆転しやすい。これが、ひいては科学技術そのものへの不信になる。これを恐れて情報を隠すと、かえって再起不能なくらい事態をこじらせてしまう。

　しかし彼女の場合は冷静であった。電磁波の害については、伝聞の文献情報でパニックに陥ることはない。

　なぜなら「私は自分で科学している」、これが彼女の冷静さを生んでいる。だからこの研究は、彼女にとっての「科学事始」、自立して思考することの大切さ、これに気づく事件でもあった。

　彼女は卒業論文でいう。

　「電磁波は人にとって大変便利なものである。でも人体に影響を与えるものもある。この世の中では、具体的な情報をもたずに、ただ怖がるのではなく、それをよく知ったうえで、どう対処するか、自分でよく考えるべきである」

付録3　何が彼女をそうさせたか

さらりとした言葉だが、この言葉は重い。

説明責任

彼女はメーターで、低周波電磁波の強さを磁場の実効値で計った。単位はmG。スウェーデンのカロリンスカ研究所の疫学調査基準では、要注意値は3mG以上。つまり高圧送電線下の25年間、約53万人の調査で、毎日24時間浴びつづけているときの小児白血病の発生率が、約3.5倍となっている値が、その根拠である。

日本でも1999年度から、やっと全国初の電磁波の疫学調査を、当時の科学技術庁によって始まった。生体への影響の関係の研究も、京都大学の基礎物理学研究所の研究会で行われ始めた。

彼女は低周波の家庭電化製品からもれる電磁波との比較のために携帯電話のマイクロ波のエネルギー量そのものではなく、そこからもれる低周波成分の磁場の強さを測定した。

さて彼女の研究は、どんな「新しき知見」を生みだしたであろう。彼女の持っている機種を測定すると、発着信時は3mG以上の高い値を示すが、しばらくすると値が、許容基準以下に落ちる。そこで大学の友人の携帯電話を片っ端から測定し、その値がどう変化するかを測定した。その結果図4（注3）のように、携帯電話の電磁波は、機種によって次の3種のタイプに分かれることに、彼女は気づいた。

1つのタイプ（タイプ①：◆◆◆）は、通話中も全く強度が落ちない。これは良くない携帯電話の機種と思われる。2のタイプ（タイプ②：■■■）は、発着信時は高いが、通話中基準以下になるもの。これは彼女のもっていた携帯電話と同じタイプである。ところが常時基準以下のもの、第3のタイプが存在するのである（タイプ③：△△△）。このタイプの機種は、ほとんど弱く計測にかからないくらいだ。

この話が伝わると、友人の学生たちから「わたしのは、どのタイプ？いいタイプ？」と、検査の依頼が殺到した。おかげで大量の携帯電話のデータが研究用に集まった。

図4

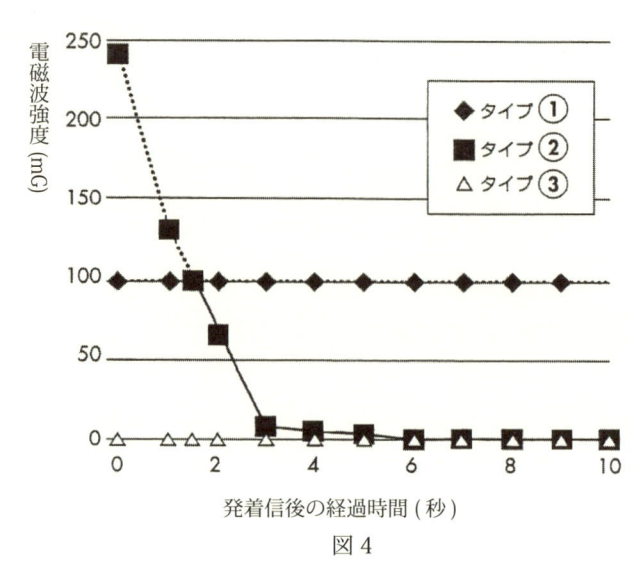

　この測定装置は周波数が高くなるほど人体に対する効果が大きくなるため高周波のノイズは値が大きくなるように設計されている。そこで学生の予想では、高機能の第3世代携帯電話は、かなり強いのではないかと恐れて測定したが、ほとんど基準以下だった。つまり新しい携帯電話ほど、しっかり電磁波対策を施して作られているようであった。しかしなぜ、この数年中に、急速に対策が進んだのだろう。

　やっと日本でも、旧科学技術庁がこの問題での疫学調査を始めた。これと関連するのかどうか定かでない。しかし、改良されていないものもまだ売られている。そしてその機種の電磁波強度について販売会社から、たぶんまったく知らされることなく、消費者は今日も携帯電話を購入しているに違いない。この数年間、水面下で改良が行われていたかもしれないことを、私も、彼女が測定するまでまったく気づかなかったのである。

　しかし、はたしてこれでいいのだろうか。これで科学技術上の新発見・新発明に関心を持つ若者を育てられるのだろうか。

　もちろんこの考えは、まだ仮説でしかない。これをホントウにソウ

力と吟味するには測定方法やメーターの専門的検討がいる。しかし、彼女にとって、情報が十分に公開されておらず、説明責任も不備であるとき、いったい何を頼りに、独自に考え、判断したらいいのだろう。何が彼女の動き出すきっかけを与えたのだろう。いままで彼女たちから何が奪われていたのだろう。

市民とともにあゆむ科学
　日本の社会では、何が欠けているのだろう。
　一昔前は、基礎を理解したものだけが現実を理解できる。そう思われたことがあった。もしそうなら一般市民は、永遠に現実を理解できない。基礎は、いつまでたっても完成しない無限の深さをもつ。専門家にとって、一般市民の専門知識の不備を指摘するのはたやすい。そこで専門家は安心である。任せてくれればいい、と。しかしそれでは、腐敗が不可避に生ずる。
　いまはどうか。少しずつではあるが、世界の教育が変化している。たとえば「科学リテラシー」の教育は、現代社会の課題や疑問を、専門家と市民が、手をたずさえれば解明できると考える。現代では、専門家と素人の、知のネットワークが、急速に発達しつつあるからだ。
　そこで生徒たちは、現代の課題を解明しながら、科学の基礎を学べる。専門的知識はむしろ探求の具体的活動を通じて深める。彼女が、インターネットを駆使して、携帯電話の電磁波の公開情報を、たとえ日本で手に入らなくとも、全世界から集め、それを分析しながら、教官とともに、物理学をかつてないほど学び直すことができたように。
　また専門家のほうも、生徒や市民から、現実の課題を掘り下げ、その意味と問題点を、明晰に説明すべきことを学ぶ。そして現代を正しく見つめられる市民科学の基礎を、教養教育や専門教育のプログラムとしても建設し直すことになる。
　誰でも「誤り」は避けられない。それよりも、それを隠すことなく、ともに解決していくことの実績が大切である。この経験が、社会全体

で積み重ねられれば、一般市民の誰もが科学することの価値と意味とを知る。またその結果、当然自分がかかわって開発される新しい技術の発明にも、関心が高まっていくだろう。

そのうち「自分も皆の力になりたい」、そう思う若者も出てくる。科学者として、また技術者として、またアマチュア・ボランティアとして「あの先生を見習って……」「あの先生のように……」などなど。

日本学術会議は「社会のための科学」、「社会とともにある科学」へと脱皮しようとしている。これはもっともなことである。しかしこの「社会」とは、いったい「誰のこと」を指すのだろう。

科学とは、真理と戯れる文化である。そんな文化のもつ深い倫理性を、まず原点にすえ、それを例えば彼女のような人々と実践的に共有できてこそ、一部の人たちのための科学・技術から、すべての人々にとっての科学・技術に、脱皮できると思われる。　（2004年6月30日）

（注1）「国際的にみたわが国の科学技術リテラシーと理科・科学教育」、風間重雄、「応用物理」第68巻第3号、1999。
（注2）OECD : Promoting Public Understanding of Science and Technology, OECD/GD (97)52, OECD, Paris(1997): http://www.oecd.org/dsti/sti/s_t/scs/prod/e_97-52.pdf
（注3）「携帯電話による環境電磁波の測定」、香川大学教育学部理科教育教室、2003年卒業論文、P21。

著者：川勝　博（かわかつ　ひろし）
1969 年　名古屋大学理学部物理学科卒業、愛知県立東山工業高校・千種高校・旭丘高校教諭を歴任
1997 年　国立香川大学教育学部教授となり理科教育教室及び理科教育研究科を担当
2008 年　名城大学総合数理教育センター長、2014 年 3 月退職
現在　UNESCO・アジア物理教育ネットワーク（ASPEN）議長
主な社会的活動　大学入試センター併任教授・理科総合 A 部門部会長、日本学術会議特任連携会員・理数教育専門委員長、文部科学省・理科の指導力向上にむけた教員養成に関する調査研究委員会委員、国際物理学会連合 (IUPAP) 物理教育部門国際委員 (ICPE)、日本理科教育学会理事、日本物理教育学会理事　など
主な受賞　ハンガリー物理学会永世名誉会員、科学技術理解増進分野・文部科学大臣表彰、科学技術賞受賞、国際物理学会連合 (IUPAP) 物理教育部門 ICPE メダル受賞　ほか
主な著作　『学ぶ側からの力学の再構成』（新生出版）、WAYS INTO NEWTONIAN MECHANICS, Hungary, OKK PRESS、『川勝先生の物理授業』（全 3 巻・海鳴社）、『いきいき物理わくわく実験』（共著、新生出版／日本評論社にて再版）、『授業づくりで変える高校の教室　理科』（編著、明石書店）ほか

川勝先生の初等中等理科教育法講義　【第 1 巻】講義編／上
2014 年 10 月 1 日　第 1 刷発行

発行所　㈱海鳴社　〒101-0065　東京都千代田区西神田 2-4-6
http://www.kaimeisha.com　E メール：kaimei@d8.dion.ne.jp
Tel：03-3262-1967　Fax：03-3234-3643

発 行 人：辻　信行
組　　版：海鳴社
印刷・製本：シナノ

JPCA

本書は日本出版著作権協会 (JPCA) が委託管理する著作物です。本書の無断複写などは著作権法上での例外を除き禁じられています。複写（コピー）・複製、その他著作物の利用については事前に日本出版著作権協会（電話 03-3812-9724、e-mail:info@e-jpca.com）の許諾を得てください。

出版社コード：1097
ISBN 978-4-87525-311-2

© 2014 in Japan by Kaimeisha
落丁・乱丁本はお買い上げの書店でお取替えください

好評・村上雅人 の理工系独習書

なるほど 虚数——理工系数学入門	A5判 180頁、1800円
なるほど 熱力学	A5判 288頁、2800円
なるほど 量子力学Ⅰ——行列力学入門	A5判 328頁、3000円
なるほど 量子力学Ⅱ——波動力学入門	A5判 328頁、3000円
なるほど 量子力学Ⅲ——磁性入門	A5判 260頁、2800円
なるほど 電磁気学	A5判 352頁、3000円
なるほど 微積分	A5判 296頁、2800円
なるほど 線形代数	A5判 246頁、2200円
なるほど フーリエ解析	A5判 248頁、2400円
なるほど 複素関数	A5判 310頁、2800円
なるほど 統計学	A5判 318頁、2800円
なるほど 確率論	A5判 310頁、2800円
なるほど ベクトル解析	A5判 318頁、1800円
なるほど 回帰分析	A5判 238頁、2400円
なるほど 微分方程式	A5判 334頁、3000円

川勝先生の物理授業

川勝 博著／これが日本一の物理授業だ！ 物理大好きと答えた生徒が、なんと60％！ しかも単に楽しい遊びに終わることなく、実力も確実につけさせる。高校の物理授業に多大な影響を与えたロングセラー。

上巻	力学編	A5判 220頁、2400円
中巻	エネルギー・熱・音・光編	A5判 262頁、2800円
下巻	電磁気・原子物理編	A5判 316頁、2800円

（本体価格）